科技金融生态的
区域实践

基于对国家高新区的调查

Regional Practice of the Eco-system of
Science and Technology Finance

金爱民 陈伟 等 编著

上海交通大学出版社
SHANGHAI JIAO TONG UNIVERSITY PRESS

内容提要

国家高新区经过 30 多年的发展建设,科技与金融融合的实践持续向纵深推进。本书基于 2022 年 10—12 月对 40 个国家高新区科技金融实践的深入调查,从生态的视角综合评析国家高新区科技金融总体发展状况,总结特色经验做法,以期为促进科技金融的未来发展提供决策支撑。

本书可供政府部门工作人员及相关专业研究人员阅读。

图书在版编目(CIP)数据

科技金融生态的区域实践:基于对国家高新区的调查/金爱民等编著. —上海:上海交通大学出版社, 2023.11

ISBN 978 - 7 - 313 - 29827 - 0

Ⅰ.①科… Ⅱ.①金… Ⅲ.①高技术产业区-产业发展-研究-中国 Ⅳ.①F127.9

中国国家版本馆 CIP 数据核字(2023)第 206610 号

科技金融生态的区域实践——基于对国家高新区的调查
KEJI JINRONG SHENGTAI DE QUYU SHIJIAN——JIYU DUI GUOJIA GAOXINQU DE DIAOCHA

编　著:金爱民　陈　伟 等

出版发行:上海交通大学出版社　　　地　　址:上海市番禺路 951 号
邮政编码:200030　　　　　　　　　电　　话:021 - 64071208
印　制:上海万卷印刷股份有限公司　经　　销:全国新华书店
开　本:710mm×1000mm　1/16　　印　　张:6.25
字　数:81 千字
版　次:2023 年 11 月第 1 版　　　　印　　次:2023 年 11 月第 1 次印刷
书　号:ISBN 978 - 7 - 313 - 29827 - 0
定　价:68.00 元

编　写　组

组　长：金爱民　陈　伟

成　员：（以姓氏笔画为序）

王　奕　曲　洁　朱　悦　李少松

周荣华　胡曙虹　黄造玉　阚　川

薛楚江

前　言

　　2022年,是党的二十大召开之年,也是我国向第二个百年奋斗目标进军和实施"十四五"规划的关键之年。中央高度重视科技金融工作,2022年4月19日,中央全面深化改革委员会第二十五次会议提出,加快推进金融支持创新体系建设,要聚焦关键核心技术攻关、科技成果转化、科技型和创新型中小企业、高新技术企业等重点领域,深化金融供给侧结构性改革。

　　目前,国家高新区的科技金融工作向纵深发展,持续向好。在财政投入方面,持续扩大投入力度,助力科创平台和企业发展。在直接融资方面,设立创业投资基金,建立企业上市培育库,提供融资路演活动等服务,上市企业数量逐年提升。在间接融资方面,创新科技金融产品,开展企业"创新积分贷"、知识产权抵押债等创新产品,设立风险补偿基金,推动金融科技应用,更好地服务科技型企业发展。

　　在原科学技术部火炬高技术产业开发中心的组织下,上海市科学学研究所和中国科技金融促进会组成联合课题组,于2022年10—12月期间深入调查了40个国家高新区的科技金融工作情况。本书基于调查结果,从生态的视角综合评析国家高新区科技金融的发展态势,力争呈现一个客观、真实的国家高新区科技金融生态。

目 录

第 **1** 章
总体发展概况

国家高新技术产业开发区经过 30 多年的发展,已经成为我国实施创新驱动发展战略的重要载体,在转变发展方式、优化产业结构、增强国际竞争力等方面发挥了重要作用。科技金融工作是支撑高新区高质量发展的重要举措,在过去的 2022 年中,高新区科技金融工作在政策支持、金融服务、工作亮点上呈现持续向好态势。

1.1 本次调查的高新区科技金融情况

本次调查的 40 家高新区约占全国高新区数量的 23.67%,覆盖全国 21 个省份,在东部地区较多。40 家高新区中,东部地区共有 21 家,占比为 52.5%;西部地区共有 9 家,占比为 22.5%;中部地区共有 6 家,占比为 15%;东北地区共有 4 家,占比为 10%。本次调查的高新区数量较多的省份分别是江苏(6 家)、广东(4 家)和山东(4 家)。

1.1.1 高新区科技金融投入力度持续加大

2021 年财政科技投入总额为 975 亿元,同比增长 22.5%。其中,科技金融工作财政投入总额为 234 亿元,占比为 24%。用于创业投资引导相关资金总额为 86.7 亿元,占比为 8.9%;用于风险补偿或贷款贴息资金总额为 31.7 亿元,占比为 3.2%;用于上市奖励相关资金及其他用途资金总额为 19.3 亿元,占比为 2.0%。其中,用于创业投资引导相关资金的占比最高,高新区科技金融的创业投资引导工作取得了较好的投入效果。

1.1.2　创业风险投资的规模不断扩大

高新区 2021 年获得创业投资的企业数为 2 866 家,同比增长 39.4%。当年获得创业投资的融资额为 12 723 亿元,财政和区属国企参与基金总额为 5 889 亿元。在园区注册的创业投资机构数为 3 457 家,管理资本总额达 8 876 亿元。

1.1.3　资本市场上市企业数量持续增长

高新区上市企业主体总数为 1 392 家,同比增长 15%。主板上市企业数为 545 家,科创板上市企业数为 165 家,创业板上市企业数为 303 家,北交所上市企业数为 12 家,境外上市企业数为 328 家。非金融企业债券发行额为 7 342 亿元,同比增长 11.4%(部分高新区未区分上市地)。

1.1.4　科技信贷余额大幅增长

高新区 2021 年科技型企业的贷款余额为 26 103 亿元,同比增长 191%。高新技术企业贷款余额为 3 556 亿元,同比增长 98.2%。科技型中小企业贷款余额为 2 461 亿元,同比增长 13.7%。科技支行数达 229 家。

在保险、担保及其他方面,各类机构数量有小幅缩减。保险机构 895 家,担保公司 342 家,融资租赁公司 427 家,小额贷款公司 210 家(见表 1.1)。

表 1.1　2021 年高新区科技金融统计表

指　　标	2021 年		2020 年	
	总数	平均数	总数	平均数
1. 高新区科技金融投入情况				
高新区财政科技投入(亿元)	975	29	796	24
高新区科技金融工作财政投入(亿元)	234	7	247	8

（续表）

指　　标	2021 年		2020 年	
	总数	平均数	总数	平均数
用于创业投资引导相关资金（万元）	866 970	33 345	845 582	31 318
用于风险补偿或贷款贴息资金（万元）	317 401	9 919	252 255	8 698
用于上市奖励相关资金（万元）	62 115	2 142	52 828	1 822
用于其他用途资金（万元）	130 831	8 722	116 074	9 673
2. 创业风险投资				
高新区当年获得创业投资的企业数（家）	2 866	80	2 056	57
高新区当年获得创业投资的融资额（亿元）	12 723	344	12 651	361
高新区财政和区属国企参与基金总额（亿元）	5 889	178	4 738	158
在园区注册的创业投资机构数（含基金管理公司）（家）	3 457	99	2 631	82
管理资本额（亿元）	8 876	286	7 447	257
3. 资本市场				
上市企业主体总数（家）	1 392	37	1 210	33
主板上市企业数（家）	545	15	502	14
科创板上市企业数（家）	165	7	109	5
创业板上市企业数（家）	303	11	274	10
北交所上市企业数（家）	12	1	9	1
境外上市企业数（家）	328	12	288	11
非金融企业债券发行额（亿元）	7 342	408	6 591	366
4. 科技信贷				
高新区科技型企业的贷款余额	26 103	842	8 959	332
高新技术企业贷款余额（亿元）	3 556	127	1 794	72
科技型中小企业贷款余额（亿元）	2 461	91	2 164	90

（续表）

指　标	2021 年		2020 年	
	总数	平均数	总数	平均数
科技支行数(家)	229	7	191	6
5. 保险、担保及其他				
保险机构数(家)	895	26	899	26
担保公司数(家)	342	10	420	13
融资租赁公司(家)	427	16	452	17
小额贷款公司(家)	210	6	216	6

1.2　本次调查的高新区科技金融工作情况

1.2.1　科技金融工作持续优化

在直接融资方面,高新区发挥风险投资机构对早期科创企业的支持作用,做好上市培育和融资对接服务,融资方式逐渐多元化。

在间接融资方面,高新区通过市场化信贷产品助力科技创新,推进企业创新积分制,探索服务科技企业的新路径。

在科技服务平台方面,高新区积极构建资本服务科创生态圈,为科技创新提供金融服务新引擎,赋能资本市场塔基建设。

1.2.2　科技金融特色做法百花齐放

在财政引导方面,通过设立政府投资基金,吸引民间资本,与银行、保险等机构合作,构建"政—银—企"平台,为企业融资赋能增效。

在直接融资方面,通过设立种子基金、科创基金、成果转化基金等,加大引导股权类融资,激发创投活力。通过建立上市企业培育库,制定企业上市培育计划,组织常态化路演等,引导企业与资本市场积极对接。

在间接融资方面,优化债券融资环境,发行创新类金融产品,落实贷款贴息。引入融资担保公司共摊风险,设立"园区保""园区贷"等,构建信用担保体系。

在生态圈营造方面,结合数字经济搭建高科技服务平台,创新服务方式,建立多元化服务中心,为企业融资发展提供沃土和养分,营造科技金融的良好生态。

1.2.3　科技金融政策持续优化

国家层面,科技部积极推广实施"企业创新积分贷"等专项金融产品。地方高新区在科技金融机构集聚、科技金融产品创新、服务创新方面出台了很多特色政策举措,切实提高了企业的政策获得感。

2022年2月10日,科技部印发《关于开展科技金融创新服务"十百千万"专项行动的通知》,同意中关村科技园等58家国家高新区作为"十百千万"专项行动首批实施单位,重点做好科技金融数据共享、产品创新,建立高成长科技企业培育库,推广实施"企业创新积分贷"等专项金融产品。

2022年3月9日,科技部火炬中心择优在10家左右具备条件的国家高新区内建设科技金融创新服务中心,创新政银合作新模式,每年新遴选1000户以上高新技术企业给予重点支持,形成一批可复制、可推广的科技金融创新产品和服务模式。

2022年9月26日,科技部火炬中心发布《关于进一步做好"企业创新积分制"工作的通知》,国家高新区、省级高新区自愿申请实施"企业创新积分制",建立一种基于数据驱动、定量评价、适用性广的新型政策工具。

2020年12月,首批13家国家高新区启动企业创新积分制试点。2021年12月,第二批46家国家高新区启动试点。据统计,13家首批试点国家高新区共计将2.2万家企业纳入积分试点,为积分企业提供各类财政支持资金56.3亿元,撬动社会资本精准支持积分企业达到289.8亿元,有效解决了企业的融资难题。

第 **2** 章
国家高新区科技金融统计情况

高新区科技金融发展态势迅猛,各方面数据均有所提升。财政科技投入力度持续增强,已有园区突破百万元大关;科技金融财政支持力度趋势向好。在创业风险投融资方面,企业所获风险投资数额不断攀升,且有进一步扩大的趋势。资本市场上市情况存在一定的极值分布现象,但总体上企业上市意愿较为强烈。作为科技信贷机构的科技银行支行建立数上升,保险等其他金融机构数量有所增加,园区金融基础设施建设逐渐完善。

2.1 财政科技投入情况

在高新区科技金融投入方面,财政科技投入总额为 975 亿元,平均数为 29 亿元。科技金融工作财政投入总额为 234 亿元,平均数为 7 亿元。用于创业投资引导相关资金总额为 866 970 万元,平均数为 33 345 万元。用于风险补偿或贷款贴息资金总额为 317 401 万元,平均数为 9 919 万元。用于上市奖励相关资金总额为 62 115 万元,平均数为 2 142 万元。其他用途资金总额为 130 831 万元,平均数为 8 722 万元。高新区的科技金融工作取得了较好的投入成果,其中用于创业投资引导相关资金的平均数最高,为 33 345 万元(见图 2.1)。

高新区不断扩大财政支持力度。2021 年投入力度在 0~2 亿元的共 6

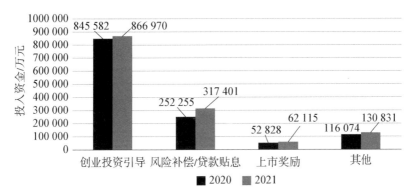

图 2.1　2020—2021 年高新区科技金融投入情况

家,2 亿～5 亿元的共 5 家,5 亿～10 亿元的共 4 家,10 亿～30 亿元的共 10 家,30 亿～100 亿元的共 8 家,百亿元级别投入共 1 家。投入整体集中于 10 亿～100 亿元区间,这些高新区在未来有望达到百亿元级别财政投入,发展势头迅猛。相较于 2020 年,有一部分园区的投入实现了从亿元级向 10 亿元级的跨越,11 亿～30 亿元区间增加高新区共 5 家(见图 2.2)。

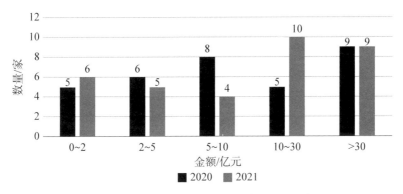

图 2.2　2020—2021 年高新区财政科技投入分布区间

根据已披露数据,高新区目前的科技金融财政投入还有提升的空间,未来随着科技金融进一步深度融合发展,科技金融的投入力度有望加大。2021 年投入在 0～1 亿元的共 11 家,1 亿～3 亿元的共 8 家,3 亿～5 亿元的共 3 家,5 亿～10 亿元的共 4 家,10 亿～15 亿元的共 4 家,投入在 15 亿元以上的共 3 家,分别为长沙高新区、广州高新区和北京中关村高新区。其中,中关村高新区科技金融财政投入已达万亿元级别。整体投入力度稍显薄弱,11 家高新区投入不足亿元,绝大多数投入也在亿元级别,这与当前科技金融融合深度不够有关,随着未来进一步融合发展,科技金融投入力度上会有很好的改善趋势(见图 2.3)。

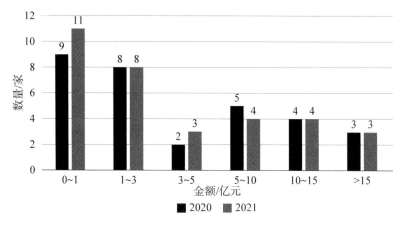

图 2.3　2020—2021 年高新区科技金融工作财政投入

2.2　创业风险投融资情况

在创业风险投资方面,高新区当年获得创业投资的企业数为 2 866 家,平均每个区获得投资的企业数为 80 家。高新区当年获得创业投资的融资额为 12 723 亿元,平均每个区获得的投资额为 344 亿元。财政和区属国企参与基金总额为 5 889 亿元,平均数为 179 亿元。在园区注册的创业投资机构数为 3 457 家,平均数为 99 家。由于高新区创新创业环境的优越性,包括政府支持、高素质人才和创新创业文化等,高新区在吸引创业投资方面非常成功,其成功也可以为其他地区提供有用的经验和启示(见图 2.4)。

高新区企业受风投青睐,整体表现情况良好,每年获风投投资的企业数量不断攀升,投融资活力提升。2021 年获风投投资的企业数量在

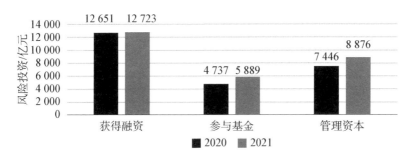

图 2.4　2020—2021 年创业风险投资情况

0～5 家的共 5 个高新区,5～8 家的共 5 个,8～10 家的共 3 个,10～20 家的共 9 个,20～50 家的共 4 个,50～100 家的共 2 个,百位数级别共 9 个,千位数级别共 1 个。整体来看,极值分布明显,有 5 个高新区获风险投资的企业数不足 5 家,而上海张江高新区所获风投投资的企业数已突破 1000 家,达到 1186 家,北京中关村高新区也已有 966 家,有望在 2023 年突破 1000 家。不足 10 家企业的高新区共 13 个,10～100 家的共 15 个,超过 100 家的共 10 个。这一情况有望随着经济回暖、产业链复苏得到改善,随着中央经济工作会议指出加大高新技术产业支持力度,有更多的高新区企业有望获得风投资金支持(见图 2.5)。

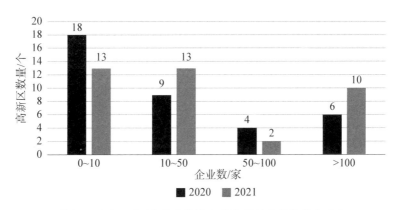

图 2.5　2020—2021 年高新区当年获得创业投资的企业数

高新区企业所获融资数额上升,整体融资情况全面改善。2021 年,高新区企业融资额在 0～1 亿元的共 10 家,1 亿～3 亿元的共 3 家,

3 亿~10 亿元的共 9 家,10 亿~20 亿元的共 3 家,20 亿~50 亿元的共 3 家,50 亿~100 亿元的共 3 家,100 亿~500 亿元的共 7 家,千亿元级别共 2 家。虽然整体而言,仍存在着极值分布现象,但相较于 2020 年,融资情况已有明显改善。其中,上海张江高新区、北京中关村高新区这 2 家高新区融资额已突破千亿元,部分高新区企业融资状况稍显不足,随着 2023 年经济回暖,投融资活力有望进一步增加(见图 2.6)。

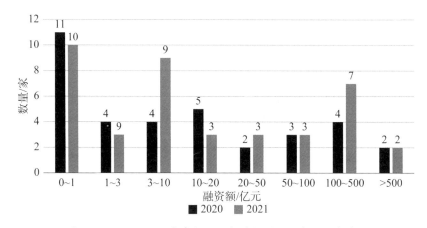

图 2.6　2020—2021 年高新区当年获得创业投资的融资情况

2.3　资本市场上市情况

在资本市场方面,高新区上市企业主体总数为 1 392 家,平均为 37 家。主板上市企业数为 545 家,平均为 15 家。科创板上市企业数为 165 家,平均为 7 家。创业板上市企业数为 303 家,平均为 11 家。北交所上市企业数为 12 家,平均为 1 家。境外上市企业数为 328 家,平均为 12 家。非金融企业债券发行额为 7 342 亿元,平均发行额为 408 亿元。高新区在创业风险投资方面表现良好,获得创业投资的企业数和融资额都远高于平均水平,同时拥有较多的创业投资机构。高新区上市企业总数和境外上市企业数都高于平均值,其中科创板上市企业数量也表现不错(见图 2.7)。

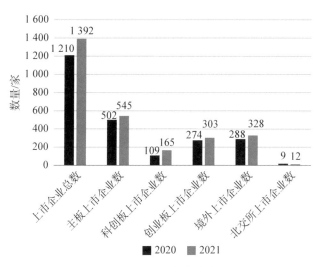

图 2.7　2020—2021 年资本市场情况

　　高新区内企业上市态势迅猛。2021 年上市企业数在 0～5 家的高新区共 5 个,5～10 家的共 13 个,10～15 家的共 7 个,15～20 家的共 2 个,20～50 家的共 5 个,50～100 家的共 4 个,超过 100 家的共 4 个,分别为南昌高新区、深圳高新区、上海张江高新区和北京中关村高新区。整体而言,18 家高新区上市企业数不足 10 个,18 家高新区上市企业数在 10～100 家之间,这一数字有望随着投融资活力的增强进一步提升。虽仍存在极值现象,即部分高新区上市企业数量很少,但相较于 2020 年整体情况已有趋势性改善(见图 2.8)。

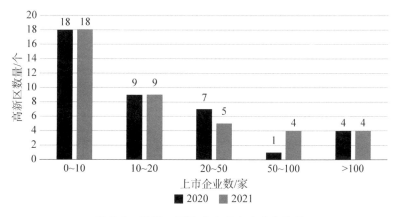

图 2.8　2020—2021 年上市企业主体总数

在非金融企业发债融资方面,小额融资较多,2021 年发行额在 0～20 亿元的高新区共有 12 家,较 2020 年增加 2 家;在 20 亿～50 亿元,2021 年 1 家,较 2020 年减少 2 家;在 50 亿～100 亿元,两年持平,均为 2 家;在 100 亿～500 亿元,2021 年为 6 家,较 2020 年增加 1 家;在大于 500 亿元的区间,2021 年减少 1 家(见图 2.9)。

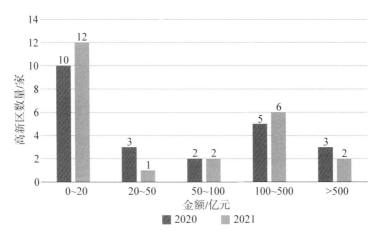

图 2.9　2020—2021 非金融企业债券发行额

2.4　科技信贷机构情况

在科技信贷方面,高新区科技型企业贷款余额为 26 102 亿元,平均余额为 842 亿元。高新技术企业贷款余额为 3 555 亿元,平均贷款余额为 127 亿元。科技型中小企业贷款余额为 2 461 亿元,平均贷款余额为 91 亿元。高新区科技型企业贷款余额和高新技术企业贷款余额处于较高水平(见图 2.10)。

高新区通过构建科技支行完善科技信贷服务平台建设,整体上高新区内科技支行数量呈上升趋势。大多数高新区的科技支行建设处于起步阶段,建立科技支行在 0～3 个的高新区最多,2020 年和 2021 年均为 14 家;在 3～10 个区间内,2021 年共有 11 家高新区,较 2020 年新

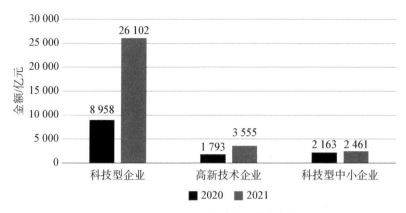

图 2.10　2020—2021 年科技信贷贷款余额

增 1 家;在 10~20 个区间内,2021 年与 2020 年持平,均为 8 家高新区;在超过 20 个的区间内,2021 年为 2 家高新区,较 2020 年增长 1 家(见图 2.11)。

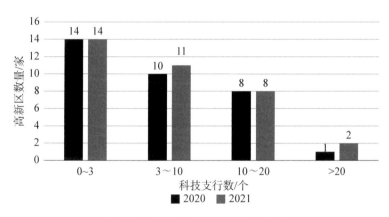

图 2.11　2020—2021 年科技支行数

2.5　保险等其他机构情况

在保险、担保及其他方面,2021 年高新区共有 895 家保险机构,平均每个区的机构数量为 25 家;共有 342 家担保公司,平均每个区的数量为

10家；共有427家融资租赁公司，平均每个区的数量为12家；共有210家小额贷款公司，平均每个区的数量为6家（见图2.12）。

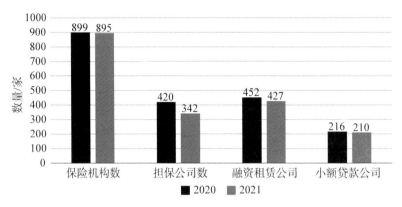

图2.12　2020—2021年其他金融机构数量

在其他金融机构的平台建设方面，高新区在保险与担保机构数量上较2020年有略微下降。根据已知数据，保险机构和小额贷款公司平均数量与2020年持平；高新区平均建立担保公司平均10家，较2020年下降2家，建立融资租赁公司平均12家，较2020年下降1家（见图2.13）。

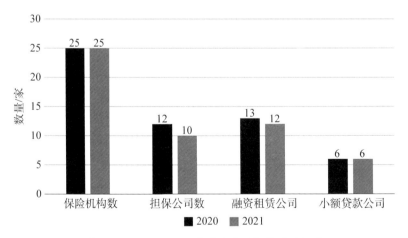

图2.13　2020—2021年其他金融机构平均数量

第 **3** 章
国家高新区科技金融工作调查情况

高新区科技金融加速深度融合,企业创新活力持续增强。在直接融资方面,企业所获风投投资数与融资额不断攀升,进一步提升了企业投融资活力,加速了高新技术产业发展;增加资本市场积极性,发行金融创新产品,企业融资效能提升。在间接融资方面,通过科技信贷与"创新积分贷",助力园区企业融资,用科技为企业融资发展赋能。在创建科技服务平台方面,高新区积极做好相关服务工作,创新工作方式,结合数字经济,培育企业发展。

3.1 直接融资发展

3.1.1 创业风险投资情况

发挥风险投资机构对早期科创企业的支持作用。 园区大力推进创业风险投资,总体发展向好且态势稳定。40 家高新区中共有 35 家设立了园区平台,促进创投机构集聚发展,建立高效融资平台,占比为 87.5%;34 家园区设立了创业投资引导基金,通过政府基金吸引民间资本,支持科技型中小企业融资发展,占比达 85%。共有 31 家园区设立了投融资服务平台,29 家设立了投资奖补政策,24 家实施引导投早、投小、投长期举措,为企业早期发展助力,占比分别为 77.5%、72.5% 和 60%,数量上仍有进一步提升的趋势。设立天使投资基金的共 23 家,设立创业投资联盟或协会的共 15 家,占比分别为 57.5％和 37.5％(见图 3.1)。

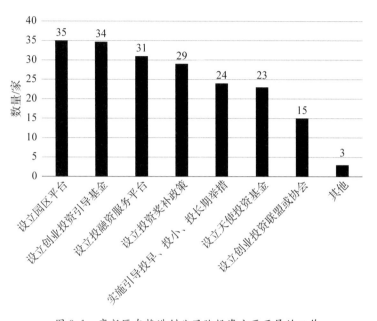

图 3.1　高新区在推进创业风险投资方面开展的工作

3.1.2　资本市场对接情况

做好上市培育和融资对接服务,为"专精特新"企业的发展赋能。高新区积极推进与资本市场的对接工作。其中,39 家园区建立了企业上市培育库,对有潜力的后备企业进行培育和上市支持,占比为 97.5％。39 家园区鼓励专业机构为企业上市进行培育并对其进行补贴和奖励,促进企业与资本市场的积极对接,占比为 97.5％。37 家园区为企业上市搭建"绿色通道",旨在为一些"专精特新"企业及中小微企业上市提供便利,帮助它们上市融资,促进其技术发展,占比为 92.5％。28 家园区设立了科技企业上市专项资金,占比为 70％(见图 3.2)。总体来看,园区与资本市场保持积极对接,不断激发园区内企业上市融资活力。

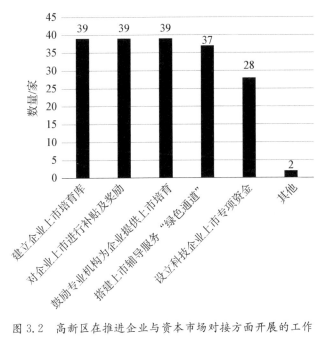

图 3.2　高新区在推进企业与资本市场对接方面开展的工作

3.1.3　创新金融产品情况

高新区融资方式逐渐多元化。就高新区各类主体发行科创类债券产品情况而言,园区内企业发行的债券多为资产证券化融资(ABS)、公司债、可转债,创新轻量型债券发行稍显不足。其中,发行 ABS 债券的共 14 家,发行科技创新公司债的共 12 家,发行创新创业公司债的共 11 家,发行私募可转债的共 8 家,占比分别为 35%、30%、27.5%和 20%。创新型金融债券占比较低,科技中小企业债券 7 家,双创债务融资工具 6 家,双创金融债券 4 家,知识产权抵押债券 3 家,创业投资基金类债券 3 家,皆为个位数,占比较低(见图 3.3)。总体来看,创新债券发行仍有向上空间,需要进一步盘活企业轻资产,在不分散股权的情况下,对其发展提供资金支持。

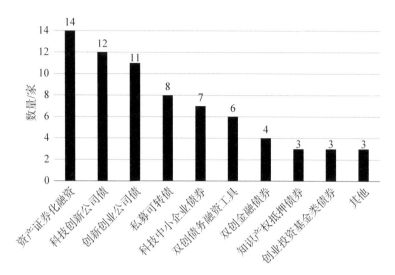

图 3.3   高新区内各类主体发行科创类债券产品情况

3.1.4   园区内企业开展 REITs 产品的情况

园区企业发行 REITs 意愿较强但环境受限,仍需进一步提升改进。目前 40 家园区中,已有 38 家提供了统计数据,其中,已发行 REITs 产品的园区仅 3 家,数量较少,但共有 17 家园区正在筹备发行 REITs,以此盘活底层不动产融资建设,占比为 44.7%,可见未来高新区发行 REITs 融资情况总体向好。共有 13 家园区有发行意愿但尚无合适资产,占比为 34.2%,这一部分园区总体发展虽稍显落后,但有较大的成长空间。共有 4 家园区暂无意愿且无合适资产,占比为 10.5%(见图 3.4)。总体来看,多数园区已具备 REITs 发行意识,在未来融资环境和金融设施不断发展优化的情况下,REITs 的发行状况有望进一步改善和提升。

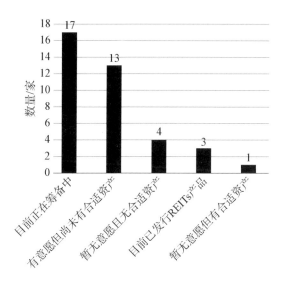

图 3.4　高新区企业开展不动产投资信托基金(REITs)产品情况

3.2　间接融资发展

3.2.1　科技信贷情况

　　市场化信贷产品助力科技创新,持续推进科创主体平稳健康发展。高新区大力推进科技信贷创新,发展态势良好,创新趋势显著。39 家园区开展信贷产品创新,占比为 97.5%。共有 34 家园区设立风险补偿金及提供科技贷款贴息,对园区内高新技术企业进行资金支持,使之有充裕的现金流进行前期项目研发,占比达 85%。32 家园区设立科技支行进一步支持科技类贷款,占比为 80%。30 家园区设立担保机构(基金),23 家园区推动金融科技应用,结合数字经济发展,提高园区企业融资效能,占比分别为 75% 和 57.5%。23 家园区完善征信/评估/信用/信息服务,21 家设立科技信贷服务基地/网络,结合数字经济及平台经济降本增效,整体促进园区内企业发展,占比分别为 57.5% 和 52.5%(见图 3.5)。园区科技信贷发展良好,在未来可以进一步深化。

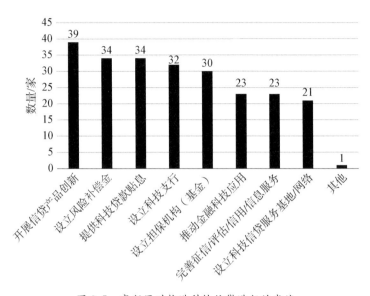

图 3.5   高新区对推进科技信贷进行的尝试

3.2.2   创新积分情况

2020 年 12 月,科技部火炬中心在 13 家国家高新区率先启动首批企业创新积分制试点;2021 年年底,又在 46 家国家高新区启动实行第二批企业创新积分制试点。据统计,2021 年,59 家试点国家高新区对积分企业提供财政资金支持达 56.3 亿元,各大银行机构对全国 2.23 万家积分高新技术企业增信授信 289.9 亿元。

推进企业创新积分制,探索服务科技企业新路径。 在推进创新积分贷与科技金融结合方面,园区工作持续深入并扩展广度。共有 31 家园区丰富创新积分专项信贷产品,支持融资方式多元化,进一步支持园区高新技术企业融资,占比达 77.5%。29 家园区扩展积分应用场景,切实考虑企业融资难问题,进一步降低企业融资难度,占比达 72.5%。29 家园区完善创新积分的评价指标,建立完善的积分贷制度,进一步优化创新积分贷发展,促进科技金融深度发展,占比为 72.5%(见图 3.6)。从占比来看,创新积分贷发展态势良好,切实为"专精特新"企业、高新技术产业、中小微企业融资解决困难并促进其发展。

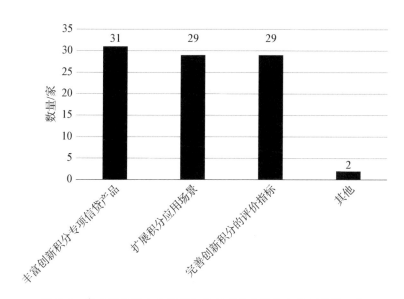

图 3.6　高新区推进企业创新积分与科技金融结合的可扩展工作

3.3　科技服务平台

构建资本服务科创生态圈,为科技创新提供金融服务新引擎。科技服务平台功能多元化,为园区内企业提供多样化服务。共有 33 家园区举办各项交流培训活动,切实促进企业更有效地与市场交流信息,提高园区内企业整体素质,占比为 82.5%。共有 31 家园区建立了企业/项目信息库,提高了园区内企业融资效率,促进了资金的高效流动,占比达 77.5%。有 31 家园区申请了科技贷款,28 家申请了政策补贴,占比分别为 77.5% 和 70%。27 家园区举办融资路演活动,增添了园区活力,促进了信息交流,占比为 67.5%。25 家园区建立了后备企业上市培育库,申请股权融资项目,设立创投机构库,占比为 62.5%,体现了园区积极建立企业与资本市场的联系,促进资本市场发展,支持股权类融资发展,进一步提升企业融资空间及效率,从目前的数据来看,仍有提升的空间。22

家园区设立了中介服务机构库,18 家园区为企业提供信用信息服务,占比分别为 55％和 45％(见图 3.7)。

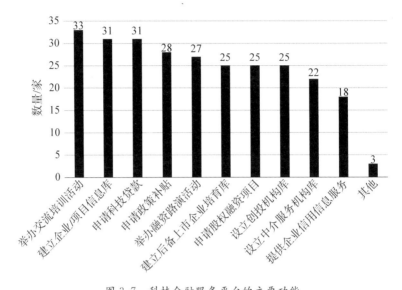

图 3.7　科技金融服务平台的主要功能

第 4 章
国家高新区科技金融工作的特色做法

在高新区科技金融工作逐渐深化的过程中，出现了一些值得学习借鉴的特色做法。在财政引导上，通过政府设立政府投资基金，吸引民间资本流入，同时与银行、保险等机构合作，构建"政—银—企"平台，为企业融资赋能增效。在直接融资方面，通过设立种子基金、科创基金、成果转化基金等，加大引导股权类融资，激发创投活力。通过建立上市企业培育库，制定企业上市培育计划，组织常态化路演等，做好企业上市相关服务，引导企业与资本市场积极对接。在间接融资方面，优化债券融资环境，做好科技信贷，发行创新类金融产品，落实贷款贴息等相关工作；引入融资担保公司共摊风险，设立"园区保""园区贷"等，构建信用担保体系。在生态圈营造方面，结合数字经济搭建高科技服务平台，创新服务方式，建立多元化服务中心，为企业融资发展提供沃土和养分，营造科技金融的良好生态。

4.1 财政引导服务

财政引导服务如图 4.1 所示。

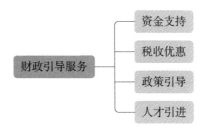

图 4.1　财政引导服务内容

4.1.1　资金支持

基本做法:国家或地方财政部门通过提供财政补助、贴息、担保等方式,引导社会资本投入高新技术产业开发区的建设和发展,促进科技创新和产业转型升级。这是实施创新驱动发展战略的重要举措。例如,中关村高新区大力支持创业投资聚集发展,建立北京市科技创新基金,引导社会资本投向战略性新兴产业领域的初创期科技企业。通过政策设计和创新服务模式,同国内外高校院所等创新源头以及创业投资、龙头企业等社会资本形成合力,实现"三个引导"。再如,石河子高新区在优化科技企业创业环境方面,为初创的中小微企业提供房租优惠政策,第一年免 100%,第二年免 2/3,第三年免 1/3,2021 年协助企业申报人社部创业就业补贴 23.5 万元,为园区入驻的 81 家企业减免房屋租金及水费、电费 223 万余元,积极对接举办民企共建、政策宣讲、帮扶推进等会议 4 场。

4.1.2　税收优惠

基本做法:国家或地方财政部门通过给予高新技术企业一定的税收减免或退还等方式,鼓励高新技术企业在高新区内开展研发和生产活动,提升高新区的创新能力和竞争力。例如,中关村高新区积极落实《关于创业投资企业和天使投资个人有关税收试点政策的通知》要求,鼓励天使投资机构对成立不超过 4 年的中关村企业进行投资,按照实际投资额的一定比例给予资金支持,通过正向激励,推动投资机构集聚和规范运作。再如,淄博高新区组建税收顾问团,帮助企业制订"一户一策"税收方案 852 个,享受税收优惠 3 700 余万元,办理退税 1 000 余万元。

4.1.3　政策引导

基本做法:国家或地方财政部门通过制定一系列政策,引导高新区内的企业和机构加大科技创新投入,提升高新区的核心竞争力和发展水平。例如,大连高新区结合省市稳经济措施的落实,梳理财政金融政策十大方面,制作了《高新区稳经济财政金融政策速览宣传片》《高新区企业融资上市流程明白纸》等培育宣传资料,线上、线下多渠道触达区内科技园区和企业,稳步推进市政府统一部署的"百行联千企 2.0"工作,加大融资支持力度,助力科技企业发展。银行机构对接包联 260 家重点企业,截至 2022 年 10 月底已授信 169 家,共计 32.7 亿元,贷款投放 33.9 亿元。

4.1.4　人才引进

基本做法:国家或地方财政部门通过给予高新区内的科技人才一定的奖励、补贴、津贴等方式,吸引和留住高层次的创新人才,为高新区的科技创新和产业升级提供智力保障。例如,成都高新区实施 A30 培育计划,培育天使"生力军"。在中西部地区首次开展天使投资人 A30 培育计划,优选创投机构合伙人开展投资逻辑、财务估值、风险防范、投资谈判、产业剖析、投资实战等系统化、全方位投资培训,通过蓉鹏两地理论+实战立体化投资训练,支持企业家、科学家向投资家转变,支持本土机构年轻投资人加速成长,打造多元创投主体参与的多层次创投生态,计划已累计培育青年投资人 30 余名。

4.2　直接融资工作

直接融资工作如图 4.2 所示。

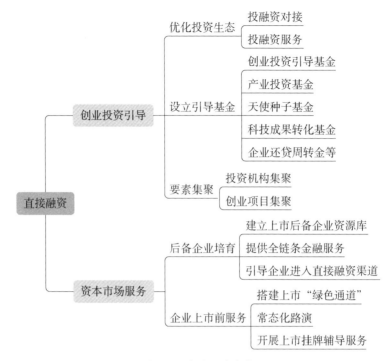

图 4.2　直接融资内容

4.2.1　创业投资引导

4.2.1.1　优化投资生态

1）促进投融资有效对接

基本做法:通过开展座谈会、创业沙龙、融资路演等活动,促进银企对接,缓解科技型中小微企业融资难问题。例如,陕西宝鸡高新区积极开展各项投融资对接服务,积极向金融机构、创投机构推介优秀科技企业,通过联合尽职调查,分片区、定点、定时开展交流会、路演等活动,引导区内金融机构、地方金融组织、投资基金等为中小企业提供多样化融资方式,解决中小企业融资难、融资贵的问题。再如,保定高新区深入企业走访调研,常态化组织各类线上、线下政银企对接活动,鼓励金融机构创新金融产品,引金融活水精准滴灌至高新区"专精特新"、科创类优质企业。金融办协同改发局、科技局、市场局等强化重点项目金融服务对接、组织"专精特新"企业授牌仪式、科技金融产品发布会、专利权质押专题系列对接、"小升规"企业培训暨政银企对接会等系列活动。

2）投融资金融服务

基本做法：通过企业股权投资"白名单"、设立投资和技术专家服务团、开辟政企"绿色通道"等方式，提供个性化金融服务，满足科技类初创企业的融资需求。例如，张江高新区对科技企业的债权融资给予一定的贴息、贴费；对获得社会资本认可、得到股权投资的企业给予支持；对企业的挂牌上市给予分阶段的支持。2019—2021年，张江高新区内获得科技金融类政策支持的项目超过1700个，累计支持金额近14亿元人民币。再如，沈阳高新区深入实施创新驱动发展战略，建立金融重点支持企业债权和股权"白名单"制度，将区内1000余家高新技术企业和科技型中小企业纳入名单，建立了企业投融资的快速通道，有效优化了中小微企业发展的融资环境。

4.2.1.2　设立引导基金

1）创业投资引导基金

基本做法：主要面向初创企业和高新技术企业，这些企业初创期风险高，市场化机构出于避险情绪，投资意愿不强烈，需要政府基金积极引导，提供初创期和成长期的风险投资。例如，北京中关村高新区培育和鼓励创业投资机构在中关村集聚发展，设立创业投资引导基金，累计合作设立56只创业投资子基金，子基金总规模为388亿元；投资项目699个，投资金额约232亿元，放大倍数达23倍。再如，广州高新区和国投创合国家新兴产业创业投资引导基金于2018年11月共同发起成立全国创新生物医药创业投资服务联盟（以下简称"全国创投联盟"），该联盟已举办或参与各类产学研活动及投融资活动近百场，吸引了一批国内领先的创投基金集聚。国投创合及旗下资金在区内投资项目42个，投资金额超过13.4亿元。此外，红杉资本、拾玉资本、丹麓资本等27家主要成员单位已累计投资生物医药项目 47 个,投资金额超过 15.9 亿元。

2) 产业投资基金

基本做法:主要面向前沿战略产业,通过对优秀的产业企业进行股权投资或债权投资,提供资金支持和资源整合,推动企业的发展和壮大。例如,南通高新区充分发挥政府引导基金的作用,通过与社会资本合作设立风险基金、创投基金、产投基金,用市场化的方式加大对科创企业的投融资支持。2022 年,南通高新区与秦创原硬科技创业投资基金合作设立陕西创星忠科创业投资基金,后续将重点投向落户园区的新一代人工智能、第三代半导体等未来产业"新赛道"企业,助力"硬科技"成果加速本地转化和产业化。再如,宝鸡高新区设立产业发展引导基金,做强主导产业支撑。近年来,按照"政府引导,市场运作,科学决策,防范风险"的原则,与银河证券签订战略合作协议,探索设立 10 亿元的钛产业发展基金,委托专业化管理团队进行管理,通过参股投资、跟进投资、融资担保等多种形式,带动社会资金投入创新创业和科技成果转化。

3) 天使种子基金

基本做法:专门投资于创业企业处于研究与发展阶段的投资基金。例如,江阴高新区重点引进优秀的基金管理团队,全方位构建了从企业初创、加速到上市的科技金融服务体系。对初创期企业,高新区国资与无锡市金程创业投资有限公司合作设立规模 1.02 亿元的天使种子基金,累计投资项目 6 个,合计投资金额 4 497 万元,已投项目估值约 35 亿元。再如,无锡高新区在原有种子基金的基础上,通过区财政直接出资,成立支持早中期科技企业的天使投资引导基金(规模为 2 亿元),给予最高不超过 500 万元的股权投资支持;配套设立创业投资风险补偿专项资金,对投资区内早中期项目的创投企业进行风险补偿,资金规模为 3 亿元,通过政策引导、风险共担,有效弥补了市场化投入缺失环节。

4) 知识产权投资基金

基本做法:将股权投资基金与知识产权相结合,通过建立知识产权领域的投资基金作为直接投资工具,是支持战略性、地域性、重要产业相关知识产权运营的手段之一。例如,广州高新区发挥财政资金的撬动作用,以区财政出资吸引社会资本进入,组建了6500万元的广州高新区知识产权运营发展基金。此外,引入6亿元的广州市重点产业知识产权运营基金,专注投向专利密集型战略性新兴产业领域拥有自主知识产权的企业。

5) 科技成果转化基金

基本做法:设立科技成果转化投资基金,撬动社会资本投资向科技成果转化项目集聚。例如,广州高新区推动区内的国投(广东)科技成果转化创业投资基金(200亿元)和中科院科技成果转化母基金(60亿元)等落地并完成实缴出资,引导社会资本推动科研成果产业化,促进科技、成果、人才、金融与产业协同发展。其中的国投(广东)科技成果转化创业投资基金累计投资项目39个,签约投资金额总计54.43亿元;投资广州高新区内项目8个,投资金额达19.70亿元。基金所投资的区内项目,如粤芯半导体、华星光电、嘉越医药、慕恩生物等,均为具有较好标志性影响力的科技成果转化项目,有力地支持了区内重点产业发展。再如,重庆高新区牵头与重庆天使投资引导基金有限公司共同发起设立总规模21亿元的西南地区首只科技成果转化股权投资基金,促进科技成果落地转化。宁波高新区与宁波市政府共同发起设立市级政府投资母基金,按照"政府引导、市场运作、科学决策、防范风险"的原则运作,成果转化基金总规模10亿元,市、区两级按1∶1比例出资,通过政府增信和适度让利,吸引社会资本投资科技创新创业,最终达到50亿元的规模。

6) 中小企业转贷基金

基本做法:企业筹措还贷资金出现困难时,由政府提供低息临时周转资金帮助企业还贷,以维持企业的正常生产经营,避免出现资金链断裂风险。例如,江阴高新区为大力支持江阴优质中小企业的融资发展需求,合作成立规模为1亿元的江阴市中小企业转贷基金,仅2021年度就发生转贷金额59.5亿元,发生转贷笔数739笔,服务企业506家,为企业节约融资成本2 701万元。再如,保定高新区出台《保定国家高新区中小企业应急转贷基金管理办法》,设立应急转贷基金,为区内符合政策而资金周转暂时出现困难的企业按期还贷提供短期垫资服务。发挥政府融资担保公司的社会责任作用,疫情期间不抽贷、不断贷、不压贷,确保高新区市场主体、科技企业稳定发展。2022年全年担保贷款5.09亿元,新增担保业务65笔,支持企业25家,担保余额5.11亿元。积极支持促进服务领域行业恢复发展,疫情期间重点为保民生的餐饮及零售业提供担保支持,总担保额度为14.5亿元。

7) 房地产信托基金(REITs)

基本做法:由专门投资机构对房地产进行投资经营管理,通过发行收益凭证汇集特定多数投资者的资金,将投资综合收益按比例分配给投资者。例如,中关村高新区会同中信证券开展了中关村房地产信托基金(REITs)项目的方案设计和论证工作,支持中关村发展集团依托其长期持有型的科技物业探索开展专业运营,盘活资金,提升服务科创企业的能力。

8) 企业还贷周转金

基本做法:政府为符合国家产业政策和信贷政策、生产经营正常、市场前景较好、资金周转暂时出现困难、银行给予续贷、具有还款能力的企业提供垫资服务,帮助企业按时归还银行贷款,减少贷款逾期风险,使企业能够保持良好的信用。例如,洛阳高新区设立高新区企业还贷周转金,提高还贷周转金运转效率,通过各类企业会议宣传高新区还贷周转金政策,提升政策知晓率。截至目前,已为60家小微企业流动资金到期还贷续贷提供垫资服务累计使用108笔,共计3.66亿元。

9) 人才引导基金

基本做法:通过财政出资设立的政策性引导基金,扶持高层次人才(团队)创新创业,突破人才创新创业初期研发创新投入高、项目发展融资难等瓶颈,促进人才资源转化为产业发展动能。例如,苏州高新区组建科创基金,针对园区领军人才企业和优质科技企业进行直接股权投资,基金规模为 20 亿元,累计决策投资近 70 个项目。

4.2.1.3　要素集聚

1) 投资机构集聚

基本做法:在地区内聚集大量投资机构和私募基金等,形成一个投资生态系统,有利于创业者获得资本支持。例如,沈阳高新区积极推动盛京基金小镇建设,推出了以优质企业库、投资机构库、行业专家库为支撑的"三库"服务体系。自组建以来,已引进私募基金机构及私募基金产品 113 只,基金总规模近 200 亿元。再如,济南高新区推动汉峪金谷科技金融集聚区(TBD)建设,目前,汉峪金谷已汇集招商银行济南分行等总部级金融机构 27 家,入驻金融企业 300 余家,包括银行机构 10 家,保险机构 29 家,证券期货机构 12 家,融资租赁、商业保理机构 67 家,股权投资机构(含基金)近 200 家;打造多业态复合型产业基地 6 个,构建特色产业服务平台 5 个,吸纳各类科技企业 2 400 余家,聚集办公人员 7 万余人。

2) 创业项目集聚

基本做法:在地区内聚集大量的初创企业和创业项目,形成一个创新生态系统,促进技术交流、人才聚集和产业协同发展。例如,深圳高新区搭建了高科技专业投融资服务业平台,依托南方创投网每月定期举办线下项目路演活动,成为深圳高科技产业项目融资的重要平台。现已聚集了 2 万余个科研项目,覆盖集成电路、人工智能、生物医疗、新材料、先进制造、电子信息等高科技企业 6 000 余家,投资机构 1 000 余家。再如,北京中关村高新区构建政府—市场双维度创新创业企业项目库。政府部门建立了涵盖中关村金种子企业、瞪羚企业、前沿领军企业、独角兽企业等创新型企业的名单类项目库,同时依托众多天使投资中介服务机构,通过市场化会员制度体系建立了众多市场化项目库,形成政府—市场双维度的项目库体系。目前累计入库企业达 5 000 余家。

4.2.2　资本市场服务

4.2.2.1　后备企业培育

1）建立上市后备企业资源库

基本做法：根据上市后备企业经营业绩、市场规模、行业特点、发展规划等情况建立资源库平台并定期更新和维护，通过规范引导和辅导培育，打造上市"后备军"。例如，安康高新区加快企业与券商机构签约，推动企业在陕西证监会辅导备案，建立上市后备企业资源库，大力支持企业向中国证监会报送上市申请材料，并强化政策支持力度。总体来看，基本实现了创业投资从无到有、从小到大的过程，对科技企业的融资有了进一步保障，同时也增强了园区的整体凝聚力和竞争力。再如，保定高新区挖掘优质后备企业资源，建立了上市后备企业资源库，健全完善了动态管理机制及政策支持措施，建立健全高新区企业上市工作联席会议制度，协调解决企业上市过程中遇到的重大事项，进一步加强企业精准服务，深入企业实地走访调研，了解企业实际情况，精准有效地推动上市工作。2022 年正在培育主板上市企业 2 家（维赛科技、同光股份），分别进入了审核和辅导阶段。

2）提供全链条金融服务

基本做法：打造全面的金融产品线，建立高效的信息管理系统，搭建完备的金融服务平台，建立完善的风险管理体系，以满足客户不同的需求。例如，西安高新区为进一步整合强化区内金融服务体系，围绕基金管理、风险投资、融资担保、融资租赁、新兴产业投资、产业基地运营等领域提供全链条金融服务。西安高新区联合浦发银行建成全国首家"硬科技支行"，从专属产品、服务模式、审批机制等方面开展全方位创新，在满足硬科技企业要素资源需求、发展科创金融生态链、深化秦创原创新驱动平台建设上进行大胆尝试。

3）引导企业进入直接融资渠道

基本做法：通过政策激励、引导优质企业进入新三板、新四板等多层次资本市场,拓宽民企融资途径,鼓励企业进入直接融资渠道。例如,中山高新区鼓励成长潜力好的非上市企业进入区域股权交易市场进行股份非公开转让,于 2019 年与广东省股权交易中心合作,共同打造广东省股权交易中心"火炬高新板",搭建资本市场培育平台、融资创新平台、上市孵化平台,支持和鼓励区内企业进入该板块挂牌、展示和融资。截至目前,中山高新区在火炬高新板挂牌企业 75 家、展示企业 335 家,融资金额超过 1亿元。再如,大连高新区发布《大连高新区集聚创新要素推动"又高又新"高质量发展若干政策》,将企业在境内外首次公开发行上市(含境外红筹上市)后奖励和企业借壳上市、异地收购上市公司并迁入区内奖励增至 600万元。新三板挂牌企业按照进程给予奖励,最高 400 万元。

4.2.2.2　企业上市前服务

1) 搭建上市"绿色通道"

基本做法:制定有关上市"绿色通道"的政策文件,设立专门的审批机构,简化审批流程,吸引更多的企业和项目申请上市"绿色通道"。例如,淄博高新区成立企业上市工作领导小组,为拟上市企业提供股改及股权变更登记、挂牌上市守法证明集成办理、辅导期前培育帮办、投资引荐及跟投意见等"并行并联并同"式服务,达到上市挂牌前"守法经营认定一窗办、集成办",加快解决企业上市过程中涉及的行政审批、证明开具、历史遗留问题化解等困难问题,先后为一诺威、信通、开泰石化、山铝电子等企业协调开具证明 60 余次。再如,成都市高新区通过建立涉及15 个企业上市关键节点、4 类具体服务事项、26 个经办处室、10 项常用合规证明的上市服务清单,打造透明、标准、一站式上市"绿色通道"服务体系,全方位提速科技企业上市进程。

2) 常态化路演

基本做法:通过多种方式招募符合要求的优质企业,在媒体平台上进行宣传推广,帮助企业准备路演所需的宣传材料,并收集投资者的意见以便后续跟进。例如,宝鸡高新区探索建立对上市后备企业动态发布、协同服务、价值发现、能力提升、形象塑造、融资对接、奖励激励、考核引导等八项机制,开辟政务服务"绿色通道",设立金融服务专员,创新上市贷等专属信贷产品,开展优质企业项目路演等活动,推进企业上市挂牌及在资本市场发展。再如,深圳高新区依托南方创投网每月定期举办线下项目路演活动。2021 年以线上线下相结合的形式,共举办 11 场专题路演,聚焦先进制造、人工智能、生物医药、新能源、新材料等新兴领域,通过前期征集和层层筛选,吸引了 102 家优质企业和近 300 名投资机构代表参与路演。据不完全统计,参加路演的项目融资额约为 5 亿元,对接成功率在 40% 左右。

3)开展上市挂牌辅导服务

基本做法:为高新区企业建立专业辅导团队,帮助企业熟悉法律法规,了解上市挂牌的过程,针对企业实际情况量身定制挂牌服务方案,并帮助企业准备相关材料。例如,济南高新区高度重视企业股改上市工作,将挂牌上市作为助推科技企业发展的重要融资渠道。针对资本市场改革新政策,邀请上交所、深交所、全国股转公司、市金融局专家到高新区企业走访调研,现场指导企业上市工作,帮助拟上市企业协调解决上市过程中的合规证明开具、资金短缺等困难和问题。目前,高新区企业上市挂牌企业 121 家,其中,上市企业 22 家,占济南市 54 家的 41%,累计新三板挂牌企业 99 家,占济南市 197 家的约 50%,累计直接融资超过430 亿元。再如,兵团石河子高新区通过线上或线下方式,邀请专业第三方上市辅导机构到石河子高新区为辖区企业进行企业辅导上市内容讲解,举办创新创业活动累计 7 场,开展创业教育培训 5 场,服务创业团队41 个,服务初创企业 12 家,各项培训参加人员 2 000 余人次。

4.3　间接融资工作

间接融资工作如图 4.3 所示。

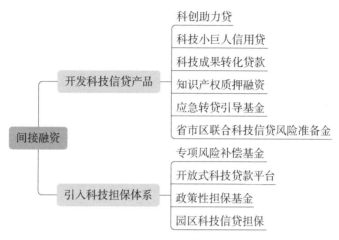

图 4.3　间接融资内容

4.3.1　科技信贷产品

1）科创助力贷

基本做法：支持初创期科技型中小企业，其特点是速度快，无需担保，无盈利要求，用款灵活，可分次提款，贷款利率不高于 4.5％，审批高效，贷款额度最高可达 300 万元，契合科技型小微企业融资"短小频快"的需求。例如，由上海市科委、上海市地方金融监督管理局和上海银保监局联合开展试点，具体由创业中心、创业基金会以及上海 5 家试点银行合力推出的科创助力贷，增强了上海高新园区的创新驱动能力，吸引更多的高科技企业入驻，推动园区内的科技创新和产业升级。2022 年科创助力贷款金额共计 28 300 万元，同比增长 1 284％，贷款笔数 125 笔，同比增长 1 036％。

2）科技小巨人信用贷

基本做法：面向优质小巨人及小巨人培育资质的企业推出的纯信用类贷款。例如，张江高新区作为科技和产业创新的前沿阵地，聚集了各类高端科创要素。通过共同构建科技金融生态圈，为服务科创企业探索出一条平台化的合作之路。2022 年"小巨人信用贷"已完成贷款金额

43.45 亿元,同比增长 22%,贷款笔数 200 笔。

3)科技成果转化贷款

基本做法:由与政府相关部门合作的商业银行提供,专门用于以科技成果转化为主的科研活动的信贷资金,是重点支持省级以上高层次人才所在企业开展科技成果转化和创新创业活动的贷款。例如,山东省威海高新区出台了科技成果转化贷款风险补偿政策,科技成果转化贷款风险补偿标准实行省、市级财政各按备案贷款不良本金给予 35% 的风险补偿,剩余 30% 的贷款损失由贷款银行承担。省财政按照实际支付贷款利息的 40% 进行补贴,每家企业最高贴息 50 万元。通过省、市两级政府担保、贴息、降低利率等方式,减少了企业的申贷难度和还贷压力。高新区累计发放科技成果转化贷款 68 笔,贷款金额 2.9 亿元,惠及 52 家科技型中小企业。再如,淄博高新区 2021 年度高新区科技成果转化贷款备案企业 11 家,获得备案金额 3 303.5 万元;享受科技成果贷款贴息政策企业 14 家,共计补贴资金 112.24 万元。2022 年度截至 10 月份,高新区科技成果转化贷款备案企业 85 家,累计金额 32 254.83 万元;科技成果转换贷款贴息正在申报中;高新区企业共计获得贷款 3.22 亿元,计入科技成果转化贷款风险补偿备案金额 3.22 亿元,占淄博市总金额的 29%。

4)知识产权质押融资

基本做法:企业以合法拥有的专利权、商标权、著作权中的财产权经评估作为质押物从银行获得贷款。例如,北京中关村高新区开展科技信贷产品和服务模式创新,北京知识产权运营管理有限公司推出纯知识产权质押融资产品——智融宝,对企业 500 万元以内的贷款进行快速审批,同时联合政府部门设立 4 000 万元的风险处置资金池,建立知识产权运营与信贷联动的服务方式。智融宝自 2016 年年底落地以来,累计服务企业 130 多家,融资额近 6 亿元,盘活企业核心知识产权 1 200 多项。再如,贵阳高新区大力推进知识产权质押融资。区内金融机构民生银行、贵阳银行 2021 年以来为辖区内 6 家中小企业提供科技型企业金融产品和知识产权质押融资,累计放款 0.55 亿元。

5) 应急转贷引导基金

基本做法:不以营利为目的,通过财政资金发挥引导放大作用,与银行、担保、股权投资等各类市场机构之间形成联结与合力,促进技术与资本要素转化、融合发展。例如,重庆高新区联合各类金融机构开发了应急转贷引导基金等 100 多个普惠金融创新产品,做实国家融资担保基金、重庆市再担保公司、科学城担保公司、合作银行以及重庆高新区"2:2:2:2:2"风险分担机制,已促成融资逾 24 亿元。再如,东湖高新区设立 10 亿元中小企业债权融资风险补偿专项资金、2 亿元应急转贷引导基金、2 亿元知识产权收储投资专项基金,探索建立金融机构"敢贷、愿贷、能贷"的长效机制,累计为 5 000 家(次)科技型中小企业贷款超过 800 亿元,支持企业超过 110 家,投贷联动余额超过 40 亿元。

6) 省市区联合科技信贷风险准备金

基本做法:通过联动省、市、区资金,共同设立科技贷款风险准备金资金池,撬动科技银行为企业提供知识产权、股权、不动产、信用等担保融资。例如,中山高新区与省市区联动成立 3 亿元联合科技信贷风险准备金,打造开放式科技贷款平台,向科技型中小微企业提供科技贷款。中山高新区累计 318 家企业入池,189 家企业获得科技贷款 22.83 亿元。园区落实推进普惠金融实施方案,积极运用助保贷、知识产权质押贷款、过桥贷、数字贷等政策性融资产品,切实缓解了中小企业融资难、融资贵的问题。

4.3.2　科技担保体系

1) 专项风险补偿基金

基本做法:由财政部门出资设立,合作金融机构为经营主体提供无担保、无抵押、低成本的贷款,双方对贷款损失约定比例进行分担。例如,在 2022 年,兵团石河子高新区园区及所属的融资性担保与工行石河子分行开展"园区 E 贷"业务,通过园区设立专项风险补偿基金,融资性担保公司提供担保,努力化解中小微企业融资难痼疾,改善双创环境。截至 2022 年年末,园区拥有 44 家高新技术企业,已建成各类科技创新平台 20 个,孵化器场地面积超过 10 万平方米,累计入孵企业 800 余家。

2）开放式科技贷款平台

基本做法:把一家机构的全套业务流程进行模块化拆分,与合作方各做一部分或者在全流程中引入服务提供方,共同完成借贷业务,要求平台搭建方具有强大的品牌号召力和金融资源整合能力。例如,中山高新区引入融资担保公司共同分摊风险,广东省市区联动成立 3 亿元联合科技信贷风险准备金,打造开放式科技贷款平台,向科技型中小微企业提供科技贷款,累计 318 家企业入池,189 家企业获得科技贷款 22.83 亿元;落实推进普惠金融实施方案,积极运用助保贷、知识产权质押贷款、过桥贷、数字贷等政策性融资产品。

3）政策性担保基金

基本做法:以政府为担保人,由政府出面作为贷款的最终保证人,政府组织中介机构,银行直接发放贷款。如果出现重大信用情况,由政府的担保机构来进行担保,产生的担保成本由政府来承担。例如,淄博高新区设立并运用高新区财政全资融资担保公司,建立高新区完善的政策性担保基金。促进区内小额贷款公司做优做强,规范发展民间融资机构,做精融资担保行业,优化对典当行、融资租赁公司、商业保理公司的监管效能,规范发展其他地方金融组织,不断丰富地方金融业态。再如,北京高新区制定《北京市小微企业信用担保代偿补偿资金管理实施细则》,设立北京市融资担保基金,稳步扩大担保机构对科技型企业的担保规模。设立了 7.5 亿元的中小企业债权融资基金、2 亿元的小微企业补偿基金,缓解了中小企业研发生产过程中面临的短期流动资金、抵押担保不足等问题,并对小微企业信用贷款所产生的不良贷款本金部分给予一定比例的补偿。

4）园区科技信贷担保

基本做法:在园区的科技创新领域,由政府和金融机构共同设立担保机构,为符合条件的科技企业提供融资担保服务。例如,武进高新区通过"园区保"助力企业发展融资新模式。园区科技信贷担保综合金融服务模式受到了企业和银行的欢迎,自 2020 年 4 月份正式推广以来,成功签约了 12 家合作银行。在武进高新区、武进担保和合作银行三方的共同努力下,共完成放款 93 笔,累计金额 3.76 亿元,支持企业 68 户,在保规模 2.52 亿元。银行贷款利率执行均不超过 LPR 加 50 个基点,切实降低了园区内企业的融资成本。再如,张江高新区园区担保贷款,针对部分具备潜力的科技型小微企业,申请贷款确有困难的,经平台与银行联合尽调、园区评审后,可由园区子公司提供 100% 全额连带责任担保,不收取任何费用,意在扶持有发展潜力的企业,助力其发展壮大。该政策已推行数年,充分发挥了民营体制机制的灵活性。截至 2022 年第 2 季度,园区累计担保的贷款金额近 2 亿元。

4.4　生态圈营造

生态圈营造内容如图 4.4 所示。

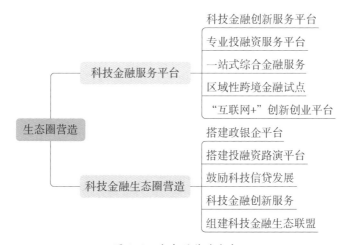

图 4.4　生态圈营造内容

4.4.1　科技金融服务平台

1）科技金融创新服务平台

基本做法：在高新区建立一个集科技金融政策、产品、服务、信息等为一体的公共服务平台，旨在为高新区内的科技企业提供全方位、多层次、个性化的科技金融支持。这是推动高新区科技创新和产业发展的重要举措。例如，成都高新区创建科技金融创新服务平台，以盈创动力大厦为主基地，初步建成集创新金融服务、人行征信服务、科技政策办理、企业家加油站、中介服务、投融资培训、对接路演、政务社区服务等为一体的综合科技金融服务平台。

2）高科技专业投融资服务平台

基本做法：高新区建立的一个集高科技产业投资、融资、服务等为一体的专业化平台，旨在为高新区内的高科技企业提供优质、高效、便捷的投融资服务。例如，深圳高新区依托区一级科技金融在线平台，以"量化评级＋综合评价"构建科技企业投资价值评价体系，链接投资机构、银行、产业部门共同服务科技企业，打造"价值发现—资本集聚—金融赋能"全链条金融服务。这样可以实现前端发现"好苗子"，精准匹配投资机构，同时联动银行授信加强金融赋能；后端将投后企业推送到产业部门重点培育，解决资本投后服务难题，引导资本"投早投小投科技"。

3）一站式综合金融服务平台

基本做法：高新区建立的一个集金融政策、产品、服务、信息等为一体的综合金融服务线上对接平台，旨在为高新区内的中小微企业和金融机构提供优质、高效、便捷的金融服务。例如，苏州高新区建设一站式综合金融服务平台"园易融"，连接资金需求侧和供给侧，提供"债权＋股权""线上＋线下"的一站式综合金融服务，服务供给从以银行为主拓展到股权机构、保险、担保、金融租赁等领域，为企业提供便捷、高效、精准的线上金融服务。目前集聚了银行、基金、保险、担保、金融租赁等9类250家金融机构、600位金融顾问和150款金融产品。再如，杭州高新区金融综合服务平台"杭州 e 融",截至 2021 年年底,区内已有 7 142 家企业、个体工商户入驻"杭州 e 融",入驻企业数量翻两番,授信总额达 131 亿元,累计放款 105 亿元。

4）区域性跨境金融试点政策

基本做法：通过设立区域性跨境金融试点区推动跨境结算业务,便利贸易结算,扶持跨境业务企业多元化融资。例如,杭州高新区发挥"自贸试验区＋国家自主创新示范区"的"双自联动"优势,以贸易结算便利化为主线,强化政银企三方协作,落地揭牌杭州片区首批 4 家自贸支行,截至目前已经成立 6 家;落地全国首批本外币合一银行结算账户业务和杭州地区首批外汇 NRA 账户结汇业务等;推动金融科技互融互促,创新跨境电商线上化、信用化方式融资产品,帮助 200 余家跨境电商获得贷款超过 3 000 万元。

5）"互联网＋"创新创业平台

基本做法：通过树立"共享"与"众创"的理念,借助互联网＋等技术工具,优化人才、劳动、信息、知识、技术、管理、资本等资源的配置方式,推动形成政府、企业、社会互动的"双创"生态。例如,石河子高新区与深圳赛瑞集团达成全面合作,充分依托并利用创新材料馆线上大数据库和线下合作企业实体资源,通过搭建"互联网＋新材料"连接平台和"双创"服务平台,为石河子新材料产业的规划设计、创新发展、招商引智、企业服务提供高效而强有力的大数据支撑和服务。

4.4.2　科技金融生态圈营造

1）搭建政银企平台

基本做法：高新区通过组织政府、金融机构、企业之间的对接会、座谈会等活动,搭建起一个信息交流、项目推介、资金需求、金融政策等方面的合作平台。例如,宝鸡高新区搭建政银企平台,服务实体经济发展;积极向金融机构、创投机构推介优秀科技企业,通过联合尽职调查,分片区、定点、定时开展座谈会、创业沙龙、融资路演等活动,促进银企对接,缓解科技型中小微企业融资难问题;引导区内金融机构、地方金融组织、投资基金等为中小企业提供多种化融资方式,对接银行、证券、保险、基金公司、融资租赁等金融机构36家。

2) 搭建投融资路演平台

基本做法:通过搭建投融资多方合作平台,提升金融服务实体经济的能力,助推企业利用资本市场实现高质量发展。例如,中山高新区为企业推出定期、长效的"线上＋线下"投融资路演活动,通过对接全国2万家以上投资机构,实现"7×24小时"永不落幕投融资路演服务,累计已为区内企业组织路演活动30场,服务企业近100家,项目累计被投资机构下载查看上万次,投资机构与项目通话数600余次,帮助企业实现融资近1.5亿元。邀请专家现场授课,自2018年以来,先后举办专精特新企业资本市场培训、财税与融资知识专题讲座、金融知识宣讲、上市政策宣讲、科创沙龙等120场活动,参与人数超过6 000人。

3) 鼓励科技信贷发展

基本做法:高新区通过加大科技信贷投放力度,鼓励银行设立科技专营机构,创新科技信贷产品,加大政策性融资担保支持力度等措施,建立一个适应高新技术企业特点和需求的金融服务体系。例如,北京中关村高新区构建科技信贷机构体系,成立了全国首家专注于服务创新创业的民营银行——北京中关村银行。中关村银行注册资本40亿元,由用友网络、碧水源等11家中关村知名上市公司共同发起设立,致力于创新金融产品,扩大业务规模,实施以持牌金融机构为主体,投资、科技为支撑的"一体两翼"战略,重点服务"三创"和实体经济中的战略性新兴产业。

4) 科技金融创新服务

基本做法:高新区通过创新金融产品和服务方式,集聚政府、银行、保险、企业等多元主体,构建全方位、多层次的金融服务体系,为科技创新企业提供更加便捷、优惠、专业的金融支持。例如,大连高新区创新金融服务模式,与9家驻区银行机构合作开发了"税易贷"科技信贷产品,利用每月税收减免退税数据等企业纳税信息,创新性地搭建起税企银三方互动平台,结合国家推出的中小微企业税收信用贷款政策,2020 年帮助 873 户区内企业获得银行无抵押贷款授信额度 22.37 亿元,2021 年帮助 995 户区内企业获得银行无抵押贷款授信额度 16.6 亿元。

5) 组建科技金融生态联盟

基本做法: 支持科技金融创新服务中心与其他金融机构共建科技企业培训基地,建立完善的科技金融培训体系,加强科技金融人才团队培养。例如,杭州高新区牵头成立科技金融服务联盟,鼓励投资公司和孵化器、加速器、知识产权平台、技术评估机构等主体共同参与联盟建设,探索发展信息共享、活动共办、服务共融、利益共分模式,形成发展合力。加强科技金融人才团队培育。支持科技金融创新服务中心与其他服务机构共建杭州高新区科技金融研究中心,围绕数字经济、生物医药、数字制造产业,开展专题研究分析,为全区科技金融发展提供决策指导。

第 **5** 章
国家高新区科技金融重要政策分析

为保障高新区科技企业蓬勃发展,提升科技金融服务水平,科技部火炬中心支持高新区建设科技金融创新服务中心,推广实施企业创新积分贷等专项金融产品。各地高新区通过聚集机构、融资服务、服务创新等手段,服务高新区中小科技企业,推动高新区高质量发展。

5.1 国家层面政策

科技部火炬中心高度重视高新区科技金融工作,推出科技金融创新服务"十百千万"专项行动,支持建设科技金融创新服务中心,推广实施"企业创新积分贷"等专项金融产品,促进国家高新区科技金融服务水平持续提升。

2022年2月10日,科技部火炬中心与中国工商银行联合印发了《关于开展科技金融创新服务"十百千万"专项行动的通知》,同意中关村科技园等58家国家高新区作为"十百千万"专项行动首批实施单位,要求高新区进一步深化金融合作,重点做好科技金融数据共享、产品创新,建立高成长科技企业培育库,推广实施"企业创新积分贷"等专项金融产品。

2022年3月9日,国务院新闻办公室举行新闻发布会,公布科技部火炬中心择优在10家左右具备条件的国家高新区内建设科技金融创新服务中心,以此带动 100 家以上国家高新区与中国工商银行创新政银合作新模式,每年新遴选 1000 户以上高新技术企业进行重点支持,力争到 2025 年实现中国工商银行高新技术企业融资余额突破 1 万亿元,形成一批可复制、可推广的科技金融创新产品和服务模式。

2022 年 9 月 21 日,科技部印发的《"十四五"国家高新技术产业开发区发展规划》提出,促进科技与金融深度融合,鼓励国家高新区设立科技支行,建设科技金融创新服务中心,发展积分贷等新型科技信贷,精准开展科技企业上市融资服务等。

2022 年 9 月 26 日,基于科技部火炬中心发布的《关于进一步做好"企业创新积分制"工作的通知》,国家高新区、省级高新区自愿申请实施"企业创新积分制",建立一种基于数据驱动、定量评价、适用性广的新型政策工具,精准引导技术、资金、人才、数据、土地等各类生产要素向高新区内科技企业有效集聚,全面激发微观主体的创新活力,助力"硬科技""好苗子"企业脱颖而出。

5.2　各地高新区的重要政策

5.2.1　机构集聚

金融机构聚集政策,即鼓励或引导金融机构在特定区域或园区内集中发展和聚集。机构聚集政策旨在促进为园区企业提供全方位的金融服务,提升金融服务的质量和效率,推动园区企业发展。园区内聚集的创投、银行、保险、基金、担保等金融机构可以提供融资和投资支持、风险管理和保障、资源整合和协作,并促进创新生态系统的形成。这种集聚对于园区的经济发展和创业创新具有重要的促进作用。

(1)集聚创投机构的政策。例如,郑州高新区发布《郑州高新区加快推进高质量发展若干政策措施》,以科技金融广场为天使风投创投机构集聚载体,累计引入 136 家创投机构,管理资金规模达 670 亿元,支持企业融资 37.1 亿元。

（2）集聚银行机构的政策。例如，武汉东湖高新区发布《东湖高新区科技企业"首贷"行动工作方案》，引入 32 家银行机构，在主要营业网点设立"首贷窗口"，主动上门对接科技企业，了解科技企业经营情况及融资需求。

（3）集聚基金机构的政策。例如，沈阳高新区发布《沈阳市人民政府关于促进沈阳国家高新技术产业开发区高质量发展的实施意见》，推出以优质企业库、投资机构库、行业专家库为支撑的"三库"服务体系，引进私募基金机构及私募基金产品 113 只，基金总规模近 200 亿元。

（4）集聚保险机构的政策。例如，苏州高新区发布《苏州高新区"保险与科技结合"综合创新发展若干意见》，成为全国首个"保险与科技结合"综合创新试点地区，重点扶持保险机构，已集聚保险业金融机构 64 家，近 3 年总保险金额达 3 000 亿元。

（5）集聚担保机构的政策。例如，仲恺高新区发布《仲恺高新区促进科技创新高质量发展的若干政策》，搭建、运营仲恺高新区科技金融服务平台，先后与 12 家融资担保机构签署战略合作协议。通过企业的创新能力评级增信等方式，引导金融机构支持资产轻但创新能力强的科技型中小微企业，实现科技创新链条与金融资本链条的有机结合。

5.2.2　融资服务

融资服务政策旨在促进融资环境的改善，为园区企业提供支持和便利，以满足不同类型企业的特殊融资需求。当前，高新区内常见的融资服务政策有募投管退相关政策、金融产品创新相关政策和助力企业培育相关政策。这些政策旨在刺激经济发展，推动创新创业，促进投资和就业。这些政策的实施可以促进资源配置的有效性，提高企业的竞争力。

（1）募投管退的政策。例如，深圳市政府发布的《深圳市关于金融支持科技创新的实施意见》，提出要优化"募投管退"全链条发展，支持保险资金、家族财富公司等社会资本参与创业投资，鼓励保险资金依法依规扩大股权投资比例；鼓励社会资本设立私募股权二级市场基金，探索开展创业投资份额转让试点,扩大创业投资退出渠道。武汉东湖高新区发布《关于打造中部地区风投创投中心的若干措施》,对投资机构"募投管退"全链条进行奖励,针对募资环节,按机构实缴资本给予落户奖励、募资奖励;针对投资环节,按机构投资行为给予股权投资奖励、投早投小奖励、并购重组奖励和投资招商奖励;针对管理环节,对机构高管给予人才奖励;针对退出环节,支持设立 S 基金,鼓励企业设立员工持股平台,并对机构和持股平台给予经济贡献奖励。北京市科委、中关村管委会等 7 个部门发布《关于加快建设高质量创业投资集聚区的若干措施》,从募、投、退等角度明确了对 VC/PE 的支持。对符合本市政策导向、聚焦原始创新投资、由顶尖投资人管理、基金总规模不低于 20 亿元、存续期不低于 10 年的创投基金,北京市科技创新基金出资比例最高可达到子基金总规模的 50%,市、区两级政府投资基金合计出资比例最高可达到子基金总规模的 60%。对绩效评估结果优秀、产业带动性强的前沿硬科技创投基金,经市政府批准,政府出资部分的超额收益可全部向社会资本、管理团队进行让渡。

(2)金融产品创新的政策。例如,济南市政府发布《山东省济南市建设科创金融改革试验区总体方案》,携手中国银行,通过政银合作平台,针对高新区内产业园区的招商引资企业,推出厂房贷产品,解决了企业购置经营场所的资金缺口。杭州市政府发布《关于进一步支持科技型中小企业融资的实施意见》,针对科技型中小企业所面临的融资困境,鼓励银行开展以信用为主的金融产品创新,鼓励区内科技型中小企业发行公司"双创债""绿色债",鼓励区内非上市科技型中小企业股权流动。成都高新区发布《成都高新技术产业开发区关于深化产业培育实现高质量发展若干政策意见(修订)》,在全国首创 BIO 品种贷和血液制品保险两款生物产业特色金融产品,还深化知识产权融资试点工作,开发推出"价值评估+质押融资+价值交易"的一体化知识产权融资专项产品——高知贷。

(3)助力企业培育的政策。例如,深圳市政府发布《深圳市关于金融支持科技创新的实施意见》,提出要深入实施小微企业"首贷户"培育工程,聚焦重点产业领域,筛选挖掘有潜力、有市场但尚未获得银行贷款的小微企业,形成首贷培育名单;建立"首贷户"名单与银行对接机制,依托"小升规"工业企业培育扶持计划,加强对"首贷户"的辅导和培育。北京市政府发布《北京市中关村国家自主创新示范区建设科创金融试验区总体方案》,加快完善科创金融产品和服务方式,优化科创金融市场体系,完善科创保险和担保体系,夯实科创金融基础设施,推动金融科技创新与应用,推进科创金融开放交流与合作,优化科创金融生态环境。

5.2.3　服务创新

高新区服务创新政策就是通过提升高新区的服务质量和效率,畅通高新区内企业信息,为高新区内科技与金融的融合创造更多机会。高新区一般通过搭建服务平台、构建信用体系、改善营商环境、优化资源配置等服务创新为企业寻找融资渠道,从而促进企业发展,实现高新区竞争力的跃升。

(1)平台服务的政策。例如,湖北襄阳高新区联合人行发布《金融支持襄阳自贸片区等开放园区建设的若干措施》,提出要在提供便捷征信平台服务、畅通应收账款融资渠道、加大信贷政策支持、运用外债额度及登记便利化新政、推广金融区块链贸易融资等方面综合发力,增强金融服务外资外贸企业的能力。广州高新区发布《广州高新区科技金融创新服务"十百千万"专项行动工作实施方案》,提出制定共建广州高新区科技金融创新服务中心,完善并提升科技金融平台服务支撑体系,不断丰富个性化、定制化信贷产品和服务。

(2)信用体系的政策。例如,武汉东湖高新区发布《关于打造中部地区风投创投中心的若干措施》,提出建设运维东湖高新区信用信息数据库管理及应用平台,积极推进信用信息以及信息应用产品在信用类贷款、知识产权质押贷款、应收账款的质押贷款等创新性融资贷款中的应用,促进信用体系与科技金融的深度融合。广州高新区发布《广州市黄埔区、广州开发区促进金融科技高质量发展十条措施》，提出利用人工智能、大数据、区块链等新一代信息技术，一方面，结合中小企业主营业务、营业收入、资金流向等数据，形成中小企业信用画像并评定信用等级，根据信用等级设置融资方案；另一方面，动态实施数据监测，建立风控模型，形成全面多维的风险监测预警体系，综合研判企业可能存在的风险，灵活制订弹性融资方案。

（3）营商环境的政策。例如，湖北襄阳高新区联合人行发布《金融支持襄阳自贸片区等开放园区建设的若干措施》，明确要对标国际高水平经贸规则，有效落实一系列简政放权改革措施，优化金融营商环境。支持开放园区市场主体快速发展，在提供便捷征信平台服务、畅通应收账款融资渠道、运用外债额度及登记便利化新政、推广金融区块链贸易融资等方面综合发力，增强金融服务外资外贸企业的能力。

（4）资源配置方面的政策。例如，西安高新区出台《稳经济若干政策措施》，提出将进一步发力"金融＋科技"，发挥金融业优化资源配置和服务实体经济的重要作用，深化金融供给侧结构性改革，初步建成辐射丝绸之路沿线具有重大影响力的科技金融高地；同时，加快实施创新驱动发展战略，以构建科技金融生态链为主线，不断完善满足科创企业不同生命周期资金需求的科技金融服务体系，全力打造科技金融示范区。石家庄高新区发布《石家庄高新区科技、金融稳经济助发展落实措施》，提出建设企业资信大数据中心，实行创新积分管理，对企业创新能力进行画像，搭建创新发展与资本对接通道；组建高新智库，激活产业价值，优化资源配置。

第 6 章
国家高新区科技金融工作的典型案例

本章共选取 8 个典型且有特色的高新区进行分析,包括综合推进科技信贷、股权投融资、多层次资本市场的北京中关村、漕河泾开发区、成都高新区、东湖高新区,以基金为主导的苏州工业园区、长沙高新区,以"平台＋数字化"为助力的深圳高新区、广州高新区。各地高新区通过完善整体体系、深化科技金融等手段,解决了科技企业的融资问题,加速了企业上市进程,为科技企业研发、成果转化和产业化活动提供保障,引领示范高新区进一步推动科技与金融的深度融合。

6.1 中关村高新区的科技金融实践

中关村国家科技金融创新中心建设扎实推进,科技创新和金融创新的融合日趋紧密,中关村科技金融先行先试、示范引领作用进一步发挥,科技金融在提升示范区创新能力方面发挥了强有力的支撑和驱动作用。

6.1.1 科技信贷

6.1.1.1 完善科技信贷机构体系

设立全国首家人民银行示范区中心支行,指导监测银行面向中关村企业提供金融服务。截至目前,共有 24 家银行设立了 68 家科技金融专营组织机构,聚焦中关村企业开展科技信贷服务。

成立全国首家专注服务创新创业的民营银行——北京中关村银行。中关村银行注册资本 40 亿元,致力于创新金融产品,扩大业务规模,实施以持牌金融机构为主体,投资、科技为支撑的"一体两翼"战略,重点服务"三创"和实体经济中的战略性新兴产业。

试点小额贷款公司,支持中小微科技企业通过小额贷款获得融资支持,进一步提升企业融资效率和融资可获得性;鼓励以科技企业贷款为主要业务的小额贷款服务机构在中关村设立和发展。

加快构建知识产权融资体系,初步形成市场化的知识产权融资市场。加快促进知识产权资源与金融资源融合,率先开展知识产权质押融资、专利保险等试点,为中小企业提供知识产权投融资全流程服务,有效缓解了知识产权评估难、处置难等问题。

6.1.1.2　大力开展金融产品和服务方式创新

形成了较为完备的科技信贷支持政策体系,信贷产品结构不断优化。积极支持中关村优质企业通过担保贷款、信用贷款、知识产权质押贷款等科技信贷产品获取信贷资金,提升了企业融资的可获得性,降低了企业的融资成本,提高了企业的融资效率。

积极探索投贷联动业务试点。中关村示范区在全国率先启动了投贷联动试点各项工作,全国首个投贷联动项目——国开行支持仁创生态落户中关村。

持续开展科技信贷产品和服务模式创新。引导金融、专业服务机构研发推广了一批科技信贷创新产品和服务,深化科技信贷创新,丰富科技信贷产品供给,缓解了符合科创小微企业特点的信贷产品供给不足问题,形成了中关村支持科创小微企业的融资特色。

6.1.1.3　大力支持科技担保、科技租赁和科技保险发展

以中关村融资担保为核心不断完善信用担保体系。中关村高新区支持围绕科技企业需求,联合银行等金融机构,开发担保融资产品。

持续完善科技租赁支持政策。对于中关村企业通过融资租赁的方式取得为科技研发和创新创业服务的设备、器材等,给予企业融资费用补贴,给予合作融资租赁机构新增业务补贴。

积极开展科技保险工作探索。率先开展小额贷款保证保险、专利保险等试点项目,支持企业投保并给予财政补贴,大力发展出口信用保险,支持小微企业发展对外贸易。

6.1.1.4　推进科技企业信用体系建设

通过建立并发挥中关村信用促进会及信用中介机构的作用,统筹政银担企四方资源,通过搭建信用信息平台、优化小微企业信息归集、建立小微企业信用评价机制、推广信用评级产品、加强征信宣传教育等工作,形成了以"政府推动、政策引导、多方参与、市场化运作"为基本特征的中关村信用模式,实现了信用建设在制度体系、组织体系、产品体系、服务体系、信息化体系和激励奖惩机制等 6 个方面的创新,在信用建设方面走在了全国前列。

6.1.2　股权投融资

6.1.2.1　大力培育天使投资人

支持天使投资发展。培育和鼓励天使投资人在中关村集聚发展。鼓励天使投资机构对成立不超过 4 年的中关村企业进行投资,按照实际投资额的一定比例给予资金支持,通过正向激励,推动投资机构集聚和规范运作。

构建政府—市场双维度创新创业企业项目库。建立创新型企业的名单类项目库,同时依托众多天使投资中介服务机构,通过市场化会员制度体系建立了众多市场化项目库,形成政府—市场双维度的项目库体系。目前累计入库企业达 5 000 余家。

天使投资机构组织化、联盟化运作。各类平台型组织探索了"天使投资＋合伙制＋众筹""融资＋管理""信息创新＋金融创新"等多种创新服务模式,出台了天使合投规则,有效推动了天使投资的规范化和创新化进程。

　　加强创投企业综合服务。 搭建创投机构综合服务平台,重点投资初创期、成长期的优质科技型中小微企业。同时,通过动态梳理融资需求、积极开展融资对接、提供股债联动金融服务、加强政策和属地服务等手段,为创投机构和企业提供综合服务,积极引导创投机构在疫情期间加快开展投资,给予融资需求迫切的中关村优质科技型中小微企业股权投资支持,提振企业发展信心,帮助企业平稳渡过难关。

6.1.2.2　大力支持创业投资聚集发展

　　建立北京市科技创新基金,引导社会资本投向战略性新兴产业领域的初创期科技企业。 通过政策设计和创新服务模式,同国内外高校院所等创新源头以及创业投资、龙头企业等社会资本形成合力,实现“三个引导”:一是引导资本投向高端“硬技术”创新,避免投向商业模式创新或中低端技术;二是引导资本投向前端原始创新,及早跟踪并介入原始创新,提高原始创新能力,引导高端科研人才落地北京创新创业;三是引导适合首都定位的高端科研成果落地北京孵化,培育“高精尖”产业,为其发展营造良好的环境。

　　不断优化创业投资发展环境。 培育和鼓励创业投资机构在中关村集聚发展。鼓励创业投资机构对成立不超过 6 年的中关村企业进行投资,按照实际投资额的一定比例给予资金支持,通过正向激励,推动投资机构集聚和规范运作。

6.1.3　多层次资本市场

6.1.3.1　支持符合条件的优秀科技企业发行上市

　　建立完善企业改制挂牌上市培育工作体系。 建立由政府部门、证券交易所、证券公司和中介服务机构联合参与的科技企业挂牌上市服务联动机制,与深交所加快共建中关村创新创业企业上市培育基地;与上交所签署战略合作备忘录,共建上交所资本市场服务北方基地。深入开展科技企业挂牌上市相关热点难点问题的调查研究,积极参与科创板制度规则的制定。

支持中关村企业登陆境内外资本市场。加强对拟上市企业的辅导,持续完善中关村企业上市服务机制;加快推动储备企业培育和上市,支持符合中关村重点产业领域、具有核心技术或自主知识产权的企业改制、挂牌或上市,并给予资金和政策支持。

会同市金融监督管理局、北京四板联合制定并实施"中关村多层次资本市场综合融资服务计划"。设计并持续优化培训体系,举办了监管政策专题解读、新任董监事培训、并购重组专题、资本市场对接实体经济等 40 余期培训活动,累计培训了近 5 000 人,为上市公司利用资本市场各类融资工具和开展并购重组提供了支持。

完善资本市场板块联动制度。整合各方面资源,建立了从各类孵化器到四板、新三板、创业板、科创板、主板的多层次资本市场板块对接体系。

6.1.3.2　推动新三板改革措施落地

研究制定新三板改革具体制度内容。主要包括引入公开发行制度、设立精选层、建立挂牌公司转板上市机制、适度降低投资者适当性标准、优化交易机制、优化监管制度 6 个方面。

开展中关村新三板企业梳理工作。掌握符合精选层准入标准的创新层企业存量资源以及通过定向发行进入创新层并挂牌的增量资源,及时对接券商及中介机构,走访调研重点企业,动员企业积极在精选层及创新层挂牌发行。

联合启动新三板改革系列培训。会同市金融监督管理局、北京证监局、全国股转公司等分别开展了多场有关新三板改革、辅导验收、挂牌审核等方面的线上培训,就有关规则制度进行了深度解读,有效提高了各企业对新三板改革重要意义的认识,以及对改革规则、申报流程的理解,进一步提升了企业申报精选层的信心。

推进金融科技在新三板场景中的应用。组织金融科技领军企业与全国股转公司进行需求对接,就股转系统信息披露、智能审查、智能舆情分析、智能监察、数据治理等功能的智能化需求展开研讨,围绕需求制订应用方案,积极打造智能交易所。

6.1.3.3 完善非上市科技企业股权交易市场

依托北京四板市场开展非上市企业股权、债权和其他私募金融产品的登记、托管、展示、挂牌、交易、结算等业务。截至目前,北京四板市场挂牌展示企业累计达到 5 643 家,托管企业 1 745 家,实现各项融资累计约 381.44 亿元。

开展市场化、法治化债转股的转股资产交易试点,为各类企业债转股提供合规转让平台和市场化退出渠道。经国家发展改革委、国务院国资委、证监会等 6 个部委批复同意,北京四板依法合规开展市场化、法治化债转股的转股资产交易业务,初步打造了债转股实施和转股资产交易的全链条服务体系。通过债权和股权的腾挪转换,可以有效降低企业资产负债率,增加企业权益资本,为有前景的企业纾困。

推进私募股权交易平台建设工作,为基金份额转让提供便捷、高效的交易场所。依托北京股权交易中心的登记系统和交易系统,实现基金份额确权登记,提高信息披露透明度,便于基金份额估值、转让。目前已完成 12 项业务规则制定,并积极开展基金份额转让需求调研工作。

6.1.3.4 支持科技企业利用资本市场进行兼并重组

深入运营并购资本中心综合服务平台,整合并购要素资源,重点推进组织建设、行业研究、政策优化、合作交流等各方面工作,开展系列并购政策培训,设立中关村并购母基金,加强对并购工作的政策支持,吸引境内外社会资本聚集,引进符合中关村重点发展产业方向的境内外关键核心技术和项目资源。

6.2   上海漕河泾开发区的科技金融实践

作为上海科创中心的重要承载区之一,漕河泾园是上海科创中心建设的重要组成部分和优化城市创新生态系统的关键环节。按照"建设科技服务示范区"的功能布局,漕河泾开发区已初步构建了具有漕河泾特色的"1+4"科技金融服务体系,即以建设 1 个金融服务业集聚区为目标,以 4 个服务体系为抓手(包括信贷服务体系、股权融资服务体系、上市服务体系、诚信服务体系)。

6.2.1   科技信贷

6.2.1.1   发挥科技型中小企业融资平台优势

上海漕河泾开发区科技型中小企业融资平台作为由徐汇区人民政府、漕河泾开发区以及合作银行三方共同打造的为科技型中小企业提供信用贷款支持的服务平台,在缓解园区内中小企业融资难、融资贵的问题上取得了有目共睹的成效。目前漕河泾融资平台总资金规模为 6 000 万元,其中 5 000 万元为融资平台的信用贷款风险备付金,1 000 万元为漕河泾天使的第一期投资基金。漕河泾天使基金于 2017 年正式投入运营,融资平台真正实现了从单一的信贷融资功能向信贷、股权投资功能相融合的转变,实现了首个投贷联动项目的成功落地。

通过融资平台贷款的信用积累与开发区的持续扶持,平台上很多企业已经由创业初期不受传统金融机构待见的"小不点",成长为受各类机构青睐的热点企业。如鸿研物流、巨哥电子等企业获得了超过 3 亿元的股权投资;敬众科技、联桩新能源、乾康金融等公司相继被上市公司并购。20 余家企业先后进行上市挂牌工作,开始进军资本市场。

6.2.1.2   建设特色企业诚信数据库

积极开展诚信体系建设工作,营造诚信经营氛围,强化诚信经营理念,进一步提升漕河泾园企业整体的诚信经营意识。动态跟踪园区企业的实际经营情况,及时收集、记录园区企业的房租、物业费缴纳等情况,会同区政府、街道,汇总企业的工商、税收、销售等经营数据,构建具有漕河泾特色的诚信数据库,为企业在金融机构中进行创新融资奠定了较为扎实的信用信息基础。

升级金融服务信息化平台系统,实现了贷款申请、审核、审批流程的信息化、移动化,促进企业、园区、政府、银行四方在信息与流程上的协同配合,大幅提升了工作效率和灵活性。2022年平台全新升级,遵循"数据—信息—商业智能"的转化路径,构建全流程数字金融解决方案,帮助融资平台解决"营销拓客、智能评估、风险排查、风险预警、客户管理"等问题,实现精准营销、量化评估、企业全面尽调、实时监控预警等功能,帮助平台进一步提升服务能级与风险管控能力,提升信贷服务水平。

6.2.1.3　推进知识产权金融工作

成立"知识产权金融公共服务平台",构建以"互联网＋大数据＋知识产权＋金融"为基础,园区、科创企业、金融机构、知识产权服务机构等主体共同参与的创新型知识产权金融服务平台。通过线上线下平台的构建及运作,有效连接企业需求、金融产品和政府服务,形成涵盖"投、融、保、服"等领域,贯穿业务在线申请、进度跟踪、结果反馈、补贴申领、资料汇总、数据分析、辅助决策等环节的综合服务系统,为徐汇区及漕河泾开发区科创企业提供全方位、一体化、高效率的金融服务,以知识产权价值发掘为基础,推动中小企业融资难、融资贵、融资慢等问题的有效缓解。

在知识产权保险、质押融资等方面,持续创新,创造了多项纪录:对接安信农保,动员区内企业博动医疗、星环科技、东升新材料完成了企业专利海外维权保险的购买,形成了上海第一批企业专利海外维权投保案例,诞生了上海市第一单商标保险、徐汇区第一单商标质押融资、徐汇区第一单"商标＋专利"混合质押融资等创新服务案例。

6.2.2　股权投融资

6.2.2.1　引进投资机构，聚集 VC/PE 资源

建立了企业融资需求数据库和投资机构风险偏好数据库，根据企业的发展需求，提供天使、VC、PE、Pre-IPO 等不同阶段全方位、个性化的投资服务。

近两年，与上海市创业投资协会、开发区内外投资机构合作共同举办了漕河泾 VC 项目对接会、PE 投资项目对接会等系列对接活动，帮助企业获得股权投资。共举办了科技金融活动 30 多场，吸引 2 000 多人参加，帮助 20 多家企业对接融资需求，100 多家创投公司或券商直投等机构出席。2021 年，漕河泾开发区共有 43 个项目获得风险投资，总计金额近 40.4 亿元。

6.2.3　多层次资本市场

为了加强对企业的培育和辅导，整合企业上市资源，漕河泾园成立了企业上市服务办公室、上交所资本市场服务徐汇漕河泾开发区基地，为企业"一站式"提供备案、辅导、开具证明文件、落实上市扶持资金等服务。目前，漕河泾园已有各类上市(挂牌)企业 146 家。

上交所资本市场服务徐汇漕河泾开发区基地旨在以服务为核心，通过完善资本市场服务机制，广泛开展上市培育、专业培训、联合研究等工作，为企业提供一站式、全方位、个性化、高效率的服务。打造科创与资本结合服务高地，打造知识产权保护、成果转化功能的承载地；突出徐汇重点行业特色，促进人工智能、集成电路、生物医药几大产业与科创板有效结合的服务示范区；扩大漕河泾开发区园区辐射半径，打造漕河泾开发区服务长三角科创企业的新高地(见表 6.1)。

表 6.1　漕河泾开发区明星上市企业

序号	企业名称	上市地点	股票代码	上市时间
1	上海绿活生物科技股份有限公司	上股交 N 板	100862	2020 年
2	上海锦和商业经营管理股份有限公司	上交所主板	603682	2020 年
3	上海摩库数据技术有限公司	NASDAQ	MKD	2020 年
4	上海农屹科技股份有限公司	上股交 N 板	300417	2020 年
5	技创智能科技(上海)股份有限公司	上股交 N 板	300390	2020 年
6	南侨食品集团(上海)股份有限公司	上交所主板	605339	2021 年
7	亘喜生物科技(上海)股份有限公司	NASDAQ	GRCL	2021 年
8	商汤集团股份有限公司	港交所	00020	2022 年
9	合富(中国)医疗科技股份有限公司	上交所主板	603122	2022 年
10	思特威(上海)电子科技股份有限公司	科创板	688213	2022 年

6.3　成都高新区的科技金融实践

　　成都高新区是国务院批准的西部首个国家自主创新示范区,是四川省全面创新改革试验区和自由贸易试验区核心区。目前,成都高新区已经形成了电子信息、生物医药、以数字经济为主导的新经济方向产业三大产业集群,无人驾驶、计算机视觉、工业无人机、新型显示、元宇宙等新兴产业也正在这里加速落地和成长。成都高新区在创设"产品矩阵"、打造"基金丛林"和培育"五级梯队"上着手发力,积极推动科技金融优质发展土壤和营商环境的形成。围绕"创新人才—创新平台—知识创造—双创孵化—企业培育—科技金融"6 个环节,打造了"PI—IP—IPO"创新链条,通过集聚高端人才、提升创新策源能力、加快科技成果资本化,为加快创建世界领先科技园区提供了有力保障。

6.3.1 科技信贷

6.3.1.1 构建企业政策性梯度融资产品体系

成都高新区以"政府增信"为核心,创新政策性梯度贷款产品体系,评荐优质市场化科创金融产品,打造覆盖科技企业"初创期、成长期、壮大期、成熟期"不同发展阶段融资需求的金融产品矩阵,创建科技金融创新服务中心,引导银行机构信贷资金向区内中小型科技企业聚集。

对企业设立产品矩阵,联系银行设立信用贷支持,创新金融产品支持。针对科技中小企业"轻资产、无抵押、高风险"等痛点,成都高新区以"五个一"(一办、一库、一池、一分、一平台)为核心,持续探索创新"银政""银政担""租政""投贷联动""资产证券化"等政策性产品模式,建立完善从1年期500万元到5年期5 000万元的"初创—成长—壮大—成熟"政策性金融产品矩阵。

> **成都高新区"五个一"模式**
>
> 　　一办指产品创新办公室,一库指科技企业数据库,一池指风险资金池,一分指盈创之星融资信用分,一平台指盈创动力运营平台。同时,成都高新区基于"金熊猫创新积分"系统创新推出"一键授信"产品"积分贷",为643家企业发放102亿元信用贷款,获得了火炬中心的高度肯定;联合银行、券商、担保等创设中西部首款政策性投贷联动产品"股债通",完成最大金额4 500万元放款;推出针对专精特新企业的"制惠贷",参与四川省首批试点并完成省内首笔放款。

6.3.1.2 策划银行"反向路演",精准推选科技企业适配信贷产品

联合人民银行举办市场化科创金融产品大赛,通过银行机构"反向路演""专家初评＋科技企业终评"模式,评选适配科技企业个性化融资需求的"科创金融优质信贷产品",精选推荐供应链、知识产权、人才、投贷联动等优质市场化特色融资产品22款,有效解决了科技企业面对大

量同质化、市场化信贷产品的选择难题。

6.3.1.3　创建科技金融创新服务中心，打造高品质科技金融创新平台

成都高新区以盈创动力大厦为主基地，初步建成集创新金融服务、人行征信服务、科技政策办理、企业家加油站、中介服务、投融资培训、对接路演、政务社区服务等于一体的综合科技金融服务平台，2022 年获得科技部火炬中心批复建设全国 10 家"十百千万"科技金融创新服务中心。

> **科技金融创新服务中心简介**
>
> 中心集成 300 余款政策性、市场化的债权融资、股权融资、上市服务产品，实现"立体供给、精准匹配"，汇集 15 万余家企业工商、税务、社保、公积金、财务、专利、人才、融资、司法、行政等多维度数据 3 000 余万条，建立了涵盖 6 000 余家科技企业精准画像的"金熊猫科技企业创新积分"系统，以及涵盖 15 000 余家企业的"盈创之星"融资信用评价系统，实现"精准画像、智能服务"。

6.3.2　股权投融资

6.3.2.1　设立政府基金 + 天使引导基金

设立百亿元天使母基金，通过"大比例出资，打破基金地域限制，灵活认定返投，大幅度让利，支持弹性投资策略"等制度创新，撬动各类优秀创新资本合作，打造"1＋N"天使基金群，加速赋能科研成果产业化、商业化；大幅优化容错免责机制，整体容亏比率提升至全国最高水平，并差异化设置返投项目及非返投项目的容亏比率，充分激活了母基金管理人的积极性，解决了不愿投、不敢投等难题。截至 2022 年，已形成首批 9 只、总规模约 40 亿元的天使子基金，创新工场、君联资本、险峰资本等一大批顶尖天使机构正加快向成都高新区投资布局。

6.3.2.2　实施天使投资人 A30 培育计划

在中西部地区首次开展天使投资人 A30 培育计划,优选创投机构合伙人开展投资逻辑、财务估值、风险防范、投资谈判、产业剖析、投资实战等系统化、全方位投资培训,通过蓉鹏两地理论＋实战立体化投资训练,支持企业家、科学家向投资家转变,支持本土机构年轻投资人加速成长,打造多元创投主体参与的多层次创投生态,已累计培育青年投资人 30 余名。

6.3.2.3　完善投融资服务体系

设立科技创业学院,构建科技企业分阶段融资训练体系;分层分类开展投融资对接服务,常态化开展科技企业"投融通"精准链接、战略投资机构对接、融资面诊、融资路演服务,提高资本项目链接效率;实施金熊猫科技企业创新积分试点,发掘研发能力强、成长潜力大、掌握关键核心技术的中小科创企业 6 767 家,向投资机构精准推荐。2022 年已开展"金熊猫"系列投融资对接活动 25 场,助力 100 家区内科技企业获得股权融资,单轮融资金额亿元以上科技企业达到 17 家。

6.3.2.4　出台投融资激励政策

对早期机构给予最高 800 万元落户奖励、每年最高 500 万元投早投小投科技奖励、每年最高 100 万元贡献奖励。对风险财务顾问、投融资服务平台、科技孵化器运营机构等多元创投生态主体按照投融资服务效果给予每年最高 100 万元的服务奖励。以政策资金为纽带,加快投资机构聚集,提升服务机构效能,提升科技企业融资便利度。目前成都高新区注册创投基金管理人达到 126 家。

6.3.3　多层次资本市场

培育"储备、股改、辅导、报会、上市"五级上市后备企业梯队,构建"五化"上市培育体系,全方位提速科技企业上市进程(见表 6.2)。

表 6.2　五级梯队具体政策措施与成效

五级梯队	具体政策措施与成效
上市培育梯度化	**夯实上市"后备军"力量。**建设"璞玉"上市综合服务平台,制定上市后备企业入库标准,多渠道挖掘建立"储备—股改—辅导—申报—上市"五级上市培育企业梯队,160 余家企业纳入上市储备
上市服务清单化	**畅通"一站式"绿色通道。**建立涉及 15 个企业上市关键节点、4 类具体服务事项、26 个经办处室、10 项常用合规证明的上市服务清单,打造透明、标准、一站式的上市服务体系
解决问题个性化	**提前清除上市障碍。**创新开展上市后备企业"一对一"诊断服务和"一对一"上市预演活动,解决企业的个性化问题,累计完成 50 余家拟上市企业的早期诊断服务
上市培训体系化	**激发企业上市热情。**构建上市培育体系,策划开展走进沪、深、北交所的活动,激发决策层上市积极性;联合沪、深、北交所开展联合培育活动,提高高管层资本市场运作能力;开展股权激励、知识产权风险应对等培训,提升实操层专业化水平
政策支持链条化	**接力加速企业上市进程。**对企业股改、股权激励、公积金转增股本、证监会受理、挂牌上市、限售股减持等环节给予全链条上市政策支持,采用"免申即享"兑现上市奖励 3 150 万元。2021 年以来新增上市企业 19 家,数量位列中西部前列。累计培育科创板企业 10 家,位列中西部第一

6.4　东湖高新区的科技金融实践

东湖高新区以促进科技型中小企业融资为主线,出台推动科技金融创新发展的多项政策,整合全区金融资源,完善科技金融机构体系,打造覆盖科技型企业全生命周期的股权融资链和债权融资链,推动科技金融政策创新、产品创新、服务创新和环境创新。经过 10 年的谋划发展,已经初步形成了与科技型企业相匹配的科技金融发展格局。

6.4.1　科技信贷

针对科创银行和保险专营机构分别制定了业务及服务标准指引,从金融机构内部管理、监管政策倾斜、政府财政支持等角度鼓励金融机构专营化发展,为科创企业提供专业化、定制化金融服务。截至 2022 年 3 月,已聚集了 118 家各类银行机构和 28 家科技支行,是全国科技支行最密集的区域之一。各类保险主体有 64 家,银政保联动模式全国领先。证券机构有 32 家,股权投资机构超过 1 200 家,占湖北省的 80% 以上。此外,还有 87 家融资租赁公司、17 家小额贷款公司、7 家商业保理公司、16 家各类交易所、20 家金融后台中心以及多家地方性金融机构。目前,区内科技金融机构总数已超过 1 500 家,成为全省科技金融机构最密集的区域。

积极引导金融机构开展信用贷款、股权质押、知识产权质押等创新型贷款,累计贷款超过 800 亿元。一是不断扩大科技金融覆盖面,深入开展投贷联动试点,累计支持企业超过 110 家,投贷联动余额超过 40 亿元。二是率先落地多项创新型产品,推出全国自贸区首单"银关保"业务、全省首单知识产权保证保险贷款、首单外债便利化业务等。三是着力解决传统信贷中的痛点、难点,探索建立金融机构"敢贷、愿贷、能贷"的长效机制。

6.4.2　股权投融资

一是出台"光谷创投十条"专项支持政策,从募、投、管、退全环节支持创投机构发展,引导各类股权投资机构在光谷集聚。二是累计出资 240 亿元,建立以合伙人引导基金、创投引导基金、产业发展引导基金为基础的政府投资基金体系,引导产业、金融等各类社会资本广泛参与,构建覆盖科创企业全生命周期的风投创投基金集群。三是建立高新区项目融资需求库和"光谷投资人"名单,开展股权投融资精准对接服务,打造"光谷创投汇"品牌活动,全面优化高新区股权投资生态环境。

6.4.3　多层次资本市场

东湖高新区全力推进企业上市工作,大力发展直接融资,支持高新区金融供给侧结构性改革和高质量发展。目前,高新区境内外上市企业数量占武汉市的 60%,湖北省的 30%,包括长飞光纤、斗鱼、嘉必优和微创光电等。资本市场融资也有了新突破,2021 年上市公司再融资超过 300 亿元,还推动省科投集团发行了湖北省首单双创债、首单 CMBS、同类企业中最低价格的永续中票等,光谷融资租赁开展湖北首单融资租赁资产证券化业务。

为了进一步推动金融生态环境创新,东湖高新区还设立了武汉光谷征信管理有限公司,建立信用平台,直接支持 1 000 多家企业获得信用融资超过 13 亿元。同时,加强地方金融机构监管,防范打击非法集资,做好重点企业的风险化解和维稳工作,确保不发生系统性金融风险。

6.5　苏州工业园区的科技金融实践

融资难一直是科技早期企业的发展瓶颈,苏州工业园区的基金注重支持高科技、高成长潜力的项目和企业,为创新型企业提供资金支持和投资机会,帮助实现技术创新、产品研发和市场拓展。经过多年的发展,苏州工业园区以基金支持科技型中小企业发展已经成为其特色之一,直投基金、引导基金、国资基金呈现三足鼎立态势。

6.5.1　直投基金

苏州工业园区企业发展服务中心全资控股的投资公司——苏州工业园区领军创业投资有限公司(以下简称"领军创投")通过拓宽业务形态,不断完善投资体系,为区域内的企业解决融资问题。目前领军创投的业务板块主要分为直投业务、拨投结合业务、基金管理业务、出资平台业务和基金生态业务共五大板块。主要做法如下:

(1) 做大做强直投业务。领军创投通过直接投资,累计向 103 个项目提供超过 3.3 亿元的融资,退出项目 18 个,退出金额超过 3 500 万元,目前在投项目 85 个,累计金额超过 3 亿元,整体回报率为 1.87 倍。

（2）探索拨投结合的新型投资模式。领军创投除了参与拨投结合模式探索和政策讨论外,主要负责"拨投结合"项目的具体实施,为园区新的投资模式进行破冰尝试。截至 2022 年 6 月末,已累计跟踪尽调项目11 个。其中,立项项目 9 个,项目金额为 2.2 亿元;立项项目中决策项目有 6 个,项目金额为 2 亿元;决策项目中出资项目有 6 个,项目总支持金额超过 1.3 亿元。

（3）提高基金管理业务能力。领军创投除了对于领军直投基金实施公司制自律管理外,还作为管理合伙人负责苏州工业园区领军元睿金融科技基金（以下简称"元睿基金"）及苏州工业园区科技创业投资基金（以下简称"科创基金"）的运营管理、项目尽调和具体实施。截至 2022 年 10月,元睿基金已累计完成 10 个项目立项,金额为 6 150 万元;6 个项目决策,金额为 3 350 万元。科创基金累计决策项目 67 个,金额为 3.9 亿元;出资项目 46 个,金额为 2.9 亿元。

（4）共建项目出资。领军创投作为园区出资平台,已在与江苏省产研院、中科光电所、苏州市产研院的多个共建项目中发挥重要作用。其中,与省产研院的省地共建项目园区产研院公司成立于 2019 年 7 月,领军创投主导完成园区产研院公司人员招聘工作,并参与公司日常运营流程管理。

（5）打造基金生态圈。2021 年设立领军之道投后赋能计划,首期创业 CEO 训练营已成功结营;共开展 7 场股权融资路演活动,5 场深度对接会,路演项目数量达到 71 家,参与机构达到 30 家,共计参与人数达到600 人,共计完成意向对接金额达到 2 亿元。

6.5.2　引导基金

除了领军创投的直投业务以外,苏州工业园区很早就设立了创业投资引导基金管理中心,负责运营苏州工业园区创业投资引导基金（以下简称"引导基金"）。引导基金从 2012 年起开始从事母基金参股业务,2019 年起,为更好地发挥市场在资源配置中的决定性作用,进一步促进苏州工业园区科技与金融深度结合,引导基金扶持专注早期投资、立足园区的投资团队,把握园区重点支持产业发展的前沿动向,鼓励创业项目落地园区。截至 2022 年 10 月,引导基金累计决策参股子基金 40 只,子基金规模超过 100 亿元;累计投资园区项目 180 个,金额达 27.93 亿元。主要做法如下:

(1) 高效利用财政资金。对于符合标准的创投基金,提供收益让渡和提前回购,提高管理人的积极性,并加速财政资金循环使用。

(2) 促进招商与基金联动。建立了参股基金与园区招商部门定期沟通及协作机制,鼓励参股基金引进项目到园区落户,项目成功落地的,可给予基金管理人奖励。

(3) 积极拓宽融资渠道。帮助参股基金支持的早期创业企业与科技支行、科技保险、科技小贷、科技担保等科技金融专营机构进行对接,进一步拓宽早期创业企业的债权融资渠道。

(4) 园区科技领军绿色通道。引导基金所投项目拥有进入园区科技领军人才面试环节的绿色通道,优先推荐符合条件的早期基金投资早期创业企业申报上级科技计划、人才计划。

(5) 营造良好的投资生态。优先推荐参股基金的高管入选园区领军人才评审专家库、金鸡湖创业导师计划等活动,组建园区创业投资联盟,分享创业投资经验,交流创业投资案例,推进创业投资合作,实现政府、创业投资人、创业企业的良性互动。

6.5.3　国资基金

苏州元禾控股股份有限公司(以下简称"元禾控股")是苏州工业园区管委会控股(80%)、江苏省政府参股(20%)的大型国有投资企业,成立于 2001 年,现注册资本 34.6 亿元,业务覆盖股权投资、债权融资和投融资服务三大板块。成立 21 年来,元禾控股全力深耕股权投资领域,开拓进取,勇于创新,持续支持实体经济发展,已发展成为国内一流的股权投资机构。截至 2022 年 10 月底,元禾控股资产管理规模达 1081 亿元,对外投资项目 1214 个,累计项目投资金额达 345 亿元。元禾母基金累计投资子基金 153 只,投资金额达 153 亿元;累计直接培育上市公司 89 家,包括 37 家科创板上市公司,9 家港交所上市公司。主要做法如下:

(1) 聚焦产业,投早投长。元禾控股坚持价值投资和长期投资,持续支持实体经济发展。主要投向国家战略性新兴产业重点发展方向,重点关注集成电路、生物医药、新一代信息技术、智能制造等产业,在上述领域的投资数量占比超过 90%。在所有投资的项目中,84% 以上为早、中期项目,已投资满 10 年的有 165 个,通过长期投资,陪伴企业成长,更好地服务企业不同阶段的需求。

(2) 丰富产品,打造生态。围绕企业全生命周期,打造全产业链、全方位的金融服务体系。公司组建"1+1+7"(元禾直投+国器元禾+7 个市场化管理公司)基金管理平台:元禾直投——聚焦苏州本地科技企业,全力助推园区战略性新兴产业发展;国器元禾——管理国家工业母机基金,专注以工业母机为核心的装备制造领域;7 个市场化管理公司——按市场化方式运作,覆盖投资各发展阶段科技企业的直投基金及母基金,涵盖人民币、美元基金,聚焦生物医药、集成电路等主要科技产业,实现了境内、境外的投资联动。同时,公司积极发展债权融资和投融资服务,形成金融服务"组合拳"。为科技企业提供科技贷款、融资租赁、科技担保、保理服务等超过 330 亿元。将"东沙湖基金小镇"打造成为全国最有影响力的基金聚集区之一,已汇聚 286 支投资团队,吸引 610 只基金入驻,基金管理规模达 3298 亿元。

(3) 深耕长三角,链接全球。元禾控股一直把支持苏州企业发展作为自身发展的基础,并拓展深耕长三角业务。此外,公司在北京、深圳、广州、青岛等地布局了业务团队,围绕当地优势产业,联合国家、各省市级重要合作伙伴,深挖当地科技资源,培育优质企业。在国际化方面元禾有长期积累,在新加坡、美国硅谷和波士顿,以及德国法兰克福等地均有业务布局,目前管理海外资产规模超过 7 亿美元,投资项目在海外已上市 19 个。

6.6　长沙高新区的科技金融实践

为助力高新区企业创新发展,解决科创企业融资难问题,2017 年长沙市打造了麓谷基金广场这一中部地区示范引领的基金聚集区,麓谷基金广场已发展成为支撑长沙高新区科技型企业创新发展的资金"蓄水池"。长沙市政府围绕构建基金体系、产融对接、品牌建设等方面出台了一系列政策支持,同时加快推进基金广场二期建设,大力推进创业风险投资发展,取得了一定的成效。

6.6.1　基金体系构建

大力引进各类优质金融机构。近年来,麓谷基金广场引进了一批国内外知名机构和高端人才,包括投行、私募股权、保险、律师事务所等金融机构和一些高新技术企业,现已聚集各类投融资机构 1 057 家,总注册资本 1 885 亿元。其中,基金及管理公司 408 家,总注册规模为 1 457 亿元。入驻机构 2021 年度纳税总额达 11.24 亿元,近 3 年合计纳税超过27 亿元,年均复合增长率超过 30%。

构建产业发展基金体系。在整合区属投资板块的基础上,构建起总规模为 200 亿元的产业发展基金体系。发布了一系列文件,包括基金设立方案、管理办法和实施细则等,形成了完善的管理制度体系。已完成第一批子基金管理机构遴选,收到 35 家机构的申请,其中,16 家头部机构占比超过 45%。现有产业子基金成效显著,已参股产业子基金 16 只,总实缴资本 25.07 亿元,高新区出资 3.56 亿元,撬动社会资本的杠杆比达到 7 倍,已投资 203 个项目,累计收回资金 3.3 亿元,实现投资收益1.6 亿元,引导效应和经济效益双凸显。专项基金支持重大项目融资发展,组建专项基金投资三安光电、天际汽车、桑顿新能源等项目。天际汽车现已实现 ME7 和 ME5 两款车型量产,正在筹备上市;桑顿项目已与财信金控达成 50 亿~70 亿元战略合作。

6.6.2　产业金融对接

支持产业发展有质量。入驻机构投资项目838个,总投资额达601亿元。其中,湖南省内项目579个,投资490亿元;长沙市内项目379个,投资338亿元,投资市内金额占比超过56%。

服务投融资对接有平台。指导设立区金融投资协会和区上市公司发展促进会,已打造资本全景窗、资本大讲堂、麓谷投资汇三大投融资品牌系列活动,已开展500余场投融资活动,为企业及机构提供精准金融服务,取得了很好的投融资促进效果。

助力企业融资有实效。助力园区企业股权融资超过300亿元,通过信用贷款风补机制为1260家科技企业发放纯信用贷款48.5亿元,助力企业获得各类融资超过千亿元。

推动企业上市有成果。与上交所、深交所、北交所加强对接,合作建立长沙科技金融路演中心、全省首个上市服务工作站,全面深化与资本市场的联系和合作,成立以来助推14家园区企业上市。

分担企业创新风险有保障。引导险企开发专业保险产品,提供综合性保障方案,为全区科技企业研发、成果转化和产业化活动提供风险保障、资金融通等服务,分散科技创新的风险。

6.6.3　创新品牌建设

麓谷基金广场通过点面结合、重点突破的宣传方式,进一步扩大了品牌影响力,连续2年获得"投中中国最具特色基金小镇TOP10"和"2021湖南十大金融新地标TOP3"奖项,同时引导入驻机构打造品牌、做大做强。多家入驻机构获得行业奖项,例如三泽创投获得"投中2020年度中国最佳创业投资机构TOP100",迪策投资上榜"投中2021年度中国新锐私募股权投资机构TOP10",博云投资位列LP智库"真金白银退出榜"2021年全国创投机构退出TOP50第17位,晟隆投资管理规模突破168亿元。

2019 年起,麓谷基金广场创新打造了大型创投系列活动——"我要投资",采取线上＋线下的多种形式媒体手段,为科技企业打造高端资本对接平台,充分发挥国内头部投资机构的引领作用,江南春、孙东升、朱啸虎、陈玮、肖冰、胡海泉等众多一线大咖参与,已在腾讯视频、湖南国际频道播出三季,连续 2 年获评"湖南广播电视台优秀节目",成为中国投资圈一张靓丽的名片。

为进一步提升服务,满足机构需求,麓谷基金广场二期建设已全面启动。二期载体位于尖山湖畔,占地 15 333 平方米,计容建筑面积 3.8 万平方米,2021 年 7 月完成土地摘牌,设计方案已完成,准备启动建设,预计 2023 年年底竣工交付。二期将建设地标双子塔,项目配备临湖基金路演大厅、展示中心、产业综合服务大厅、投资人俱乐部(交流中心)等综合配套和服务设施,打造集生态居住、资本汇聚和绿色办公于一体的高端金融业商务区。

6.7　深圳高新区的科技金融实践

近年来,深圳高新区立足新发展阶段,贯彻新发展理念,推动"有效市场"和"有为政府"更好结合,打造覆盖科技信贷、专项资金、股权投资、资本市场、专项债券、新兴金融的六大功能板块,有效支撑了企业创新能力的提升,完善了高新区金融服务生态圈,打造了科技金融深度融合地。

6.7.1　科技金融政策体系

根据发展形势变化和政策调整导向,市区两级陆续出台科技金融相关政策。重点提升对证券化、股权融资等项目的支持力度,促进知识产权创造,鼓励知识产权、技术转移机构落地和开展服务,协助科技型企业获得融资和实现产业化,推动科技成果转化成效凸显。

深圳高新区会同金融监管部门探索差异化、包容性的金融考核机制,大力创新金融服务模式,加快推出专业化科技金融产品,建立基于企业创新能力定量评价的新型政策工具,探索建设绿色技术银行。突出科技金融"广覆盖、重小微"的普惠特点,实施科技金融支持政策,对在园区科技金融在线平台完成评级及贷款备案、获得银行贷款并按时还款的企业,给予利息补贴。

6.7.2 科技金融服务平台

深圳高新区成立了全国首个引进专业风险投资基金、券商投行部和非上市业务部、产权交易所、评估、会计、律师事务所及担保、信用、专利服务中介机构入驻的公共服务平台——深圳高新区创投广场。已有入驻机构 18 家,合作机构 80 家,管理资金 592 亿元,风险投资机构 318 家,辅导企业上市 487 家,改制企业 31 家,入驻机构投资金额 172 亿元,形成了显著的聚集效应和完整的投融资服务链,为处于不同成长阶段的中小微科技企业提供多层次、立体化、全过程的融资服务。每月定期举办线下项目路演活动,成为深圳高科技产业项目融资的重要平台。现已聚集了 2 万余个科研项目,覆盖高科技企业 6 000 余家,投资机构 1 000 余家。2021 年以线上线下相结合的形式,共举办 11 场专题路演,通过前期征集和层层筛选,吸引 102 家优质企业和近 300 名投资机构代表参与路演,项目融资额约为 5 亿元。

深圳高新区还建设了高新区科技金融数据征信服务平台。探索高新区政银合作模式,整合现有的金融服务平台,融合政企数据资源,打造地方性金融数据及征信服务基础设施平台,提供征信报告、信用评分、授信支持、风险预警、融资对接、金融管理等综合服务,促进金融供需双方高效对接。

6.7.3 "科技＋数据"服务

多维度画像,精准对接企业需求。从研发费用、营收增长、知识产权、市场前景等多维度对企业进行画像,推动科技金融向数据驱动模式全面升级。对企业进行分类和分级管理,建立庞大的企业项目库。提供企业评级画像、融资需求发送和对接、融资项目与专项资金申报联动等功能,全面采集企业信息,减少融资过程中的信息差,提高融资效率,降低融资成本,全面提升科技金融服务效能。

　　建设科技金融信息化系统。全面采集企业信息,节省企业填报人力,使评级环节更系统、更科学、更高效。减少融资过程中的信息差,提高融资效率,降低融资成本,全面提升科技金融服务效能。面对科技企业融资难题,依托"互联网＋大数据",与银行共同开发针对中小科技企业的线上金融产品,例如与微众银行联合开发"科创贷"。

6.8　广州高新区的科技金融实践

　　近年来,广州高新区经济社会效益取得了显著的发展进步,国家高新区综合排名实现 5 连升,真正走上了创新驱动的发展道路,成为广州市乃至粤港澳大湾区上市企业最集中、资本运作最活跃的区域之一。广州高新区充分利用科创金融资源,不断探索科技金融改革创新,当前正全力建设粤港澳大湾区科技金融创新中心,进一步打通科技—产业—金融合作通道,推动科技和金融高质量融合发展。

6.8.1　创投机构集聚

　　一是充分发挥"风投 10 条"政策效应。推出《广州市黄埔区广州开发区进一步促进风险投资发展办法》,大力推动风投创投快速集聚,为区内民营及科技创新企业孵化、科技成果转化提供长期资金供给和行业资源支持。

　　二是打造风投机构优质物理载体,拓展风投创投入驻空间,吸引更多优质风投创投机构入驻。

　　三是设立科技成果转化基金。推动区内的国投(广东)科技成果转化创业投资基金(200 亿元)和中科院科技成果转化母基金(60 亿元)等落地并完成实缴出资,引导社会资本推动科研成果产业化,促进科技、成果、人才、金融与产业协同发展。

四是设立人才引导基金。通过财政出资 10 亿元,引导撬动约 76 亿元社会资本,撬动杠杆比率为 1∶6.83。按照"政府引导、市场运作、科学决策、防范风险"的原则,引导深创投、KIP 资本、斐君资本等知名风投机构设立 24 只子基金并落地运作。

五是成立全国创新生物医药创业投资服务联盟。广州高新区和国投创合国家新兴产业创业投资引导基金于 2018 年 11 月共同发起成立全国创新生物医药创业投资服务联盟,吸引了一批国内领先的创投基金集聚。

6.8.2　科技金融创新服务体系

一是落实"十百千万"专项行动工作,建设科技金融创新中心。制订科技金融创新服务中心建设方案,创新政银合作新模式,以"金融服务＋"为核心,建设广州高新区科技金融创新服务中心,对各类金融机构开放,面向科技企业全生命周期融资需求,着力在金融产品创新、投贷联动、企业评价、行业研究、培训辅导、科技金融活动等方面做实做深,建成集金融服务创新、科技政策办理、科技企业培育、资源整合对接于一体的广州高新区一站式"金融服务＋"综合服务平台。

二是建设广州科创金融服务基地,擦新擦亮金融服务超市品牌。打造一站式、智能化、个性化的科技金融综合性服务平台,依托金融服务超市设立首贷续贷服务中心,建设首贷续贷服务小程序,实现"线上＋线下"一站式融资服务,建立抢单、兜底、过桥等服务机制,进一步提高民营及中小微企业首贷、续贷可获得性。

三是搭建民营及中小微企业信用信息及融资对接平台。平台全面归集涉企数据,绘制企业信用画像,打通信息不对称的堵点,为民营及中小微企业融资赋能。

四是引导"孵化＋投资"深度融合。出台"孵化十条",支持孵化器完善"孵化＋投资"功能,着力扶持发展投资型孵化器,推动孵化器运营管理模式从基础服务型转向投资服务型,盈利模式从物业租金收益型转向投资企业收益型。大力推动科技金融工作站和特派员工作,打通科技金融服务"最后一公里"。

6.8.3 多层次资本市场

大力培育和资助企业上市。对于企业上市、新三板挂牌、广东股权交易中心挂牌,分别给予最高 300 万元、150 万元、30 万元奖励,2020 年及 2021 年分别兑现上市类奖励 3 800 万元和 6 150 万元。积极对接深交所、港交所,大力推进区内企业利用港澳资本市场融资。目前,广州高新区上市企业累计 84 家,上市企业数量居广州市第一。其中,科创板企业累计 10 家,新三板挂牌企业累计 134 家,上市申报企业 18 家,上市辅导备案企业 22 家。

支持企业利用债券市场融资。鼓励企业通过发行公司债、企业债、短期融资券、中小企业私募债、双创债等进行直接融资,债券存续期内按照融资金额给予分档分段贴息,按每年累计实际付息额给予一定比例的贴息,最高贴息比例达 10%,降低了企业的直接融资成本。2020 年及 2021 年分别兑现债券融资贴息 1 438 万元和 1 584 万元。

发挥广东股权交易中心作用。充分依托广东股权交易中心作为全省重大金融基础设施和平台,为中小微企业提供股权托管、融资、结算及相关金融服务。截至 2022 年 9 月,广东股权交易中心累计挂牌、展示企业达 23 956 家,实现融资和流转交易总额 1 705.97 亿元;高新区内挂牌展示企业达 1 678 家,实现融资交易额 30.12 亿元。

设立区科技信贷风险补偿资金池。为放大财政资金杠杆,引导和鼓励商业银行加大对科技信贷的支持力度,广州高新区于 2019 年设立了区科技信贷风险补偿资金池,对合作银行为科技型民营及中小企业发放贷款所产生的贷款本金损失提供有限补偿,并与省、市相关政策形成联动,对纳入上级信贷风险补偿资金池出现坏账的项目,按照省、市、区的顺序进行科技信贷风险补偿,累计补偿最高可达项目贷款本金的 90%。

附录 **1**
国家高新区科技金融相关部分重要政策汇编

类别	文件	发文文号、日期	主要内容
国家	《"十四五"国家高新技术产业开发区发展规划》	国科发区〔2022〕264号 2022年9月21日	促进科技与金融深度融合,鼓励国家高新区设立科技支行,建设科技金融创新服务中心,发展积分贷等新型科技信贷,精准开展科技企业上市融资服务等
	《国务院关于促进国家高新技术产业开发区高质量发展的若干意见》	国发〔2020〕7号 2020年7月17日	鼓励商业银行在国家高新区设立科技支行,大力发展市场化股权投资基金,创新国有资本创投管理机制,支持高新区内高成长企业利用科创板等多层次资本市场挂牌上市等
	《国家高新技术产业开发区创新驱动战略提升行动实施方案》	国科发火〔2013〕388号 2013年3月12日	吸引并引导商业银行、创投机构等金融服务机构服务于高新区,使之成为区域性的金融机构聚集区和金融创新的试验区;创新财政资金支持方式,大力发展天使投资、创业风险投资等金融产品
成都	《成都高新技术产业开发区关于深化产业培育实现高质量发展若干政策意见(修订)》	成高管发〔2020〕5号 2020年4月5日	支持企业梯度发展;支持建设公共技术平台,支持楼宇聚焦优质企业;设立专项资金、创投基金等

（续表）

类别	文件	发文文号、日期	主要内容
北京	《中关村国家自主创新示范区促进科技金融深度融合创新发展支持资金管理办法》	京科发〔2021〕13号 2021 年 7 月 7 日	大力发展天使和创业投资；支持多层次资本市场服务平台建设，支持企业积极开展并购重组；支持企业通过科技信贷产品融资，支持科技金融专营机构、担保机构业务模式创新；支持金融科技底层关键技术创新
杭州	《关于进一步支持科技型中小企业融资的实施意见》	杭高新〔2017〕69号 2017 年 12 月 29 日	鼓励创业投资，鼓励区内科技型中小企业发行公司"双创债""绿色债"；给予区内担保公司担保风险补贴，鼓励市、区国有担保公司积极为区内科技型中小企业提供融资担保；鼓励银行给予区内经认定的国家高新技术企业信用贷款；强化科技创新产业扶持基金引导作用
苏州	《苏州工业园区关于进一步优化创新科技金融服务的实施办法》	2018 年 3 月 22 日	设立领军人才直投基金，加强对领军人才企业的股权融资支持；为园区科技型中小微企业提供综合科技金融服务；设立新兴产业风险补偿资金；降低企业融资成本
郑州	《关于加快科技金融服务体系建设的实施意见》	郑开管〔2017〕23号 2017 年 3 月 9 日	对孵化期科技型企业提供保险和贷款补助，扶持成熟期企业上市融资；鼓励区内金融机构为高新区企业提供担保和融资；支持搭建新三板资本产业园，建立金融人才支撑体系和监管体系
武汉	《东湖高新区关于加快科技金融产业高质量发展的若干措施》	武新管〔2019〕15号 2019 年 9 月 27 日	鼓励各类金融机构集聚并发展壮大；鼓励金融机构向科技企业发放信用贷款、首次贷款，鼓励开展科技担保；设立金融机构创新产品奖和创新机构奖；建立风险补偿机制；大力发展股权投资、债务融资
重庆	《重庆高新区促进科技金融发展办法》	渝高新发〔2020〕16号 2020 年 10 月 22 日	支持金融机构总部聚集；支持金融机构分支入驻；支持金融机构购买、租赁办公用房；支持金融机构产品创新；支持创投风投机构加快发展、积极投资；优化投资环境与服务平台

附录 ❷
国家高新区科技金融发展大事记
(2020—2022 年)

2020 年 2 月 12 日,财政部印发《关于加强政府投资基金管理 提高财政出资效益的通知》(财预〔2020〕7 号),提出强化政府预算对财政出资的约束,着力提升政府投资基金使用效能,实施政府投资基金全过程绩效管理,健全政府投资基金退出机制,禁止通过政府投资基金变相举债,完善政府投资基金报告制度。

2020 年 2 月 28 日,科技部办公厅发布《科技部办公厅关于做好国家高新区科学防疫推动企业有序复工复产的通知》,提出加大对科技型中小企业的支持,帮助企业渡难关强后劲。引导社会资本加大投入,不断壮大天使投资、创业投资规模,引导银行等金融机构加大对科技型中小企业的支持力度,缓解科技型中小企业融资难、融资贵的问题。

2021 年 3 月 12 日,《中华人民共和国国民经济和社会发展第十四个五年规划和 2035 年远景目标纲要》对外公布,明确提出要"完善金融支持创新体系,鼓励金融机构发展知识产权质押融资、科技保险等科技金融产品,开展科技成果转化贷款风险补偿试点""稳妥发展金融科技,加快金融机构数字化转型"等。

2021 年 11 月 15 日,北京证券交易所正式开市,北交所由新三板精选层升级而来,其定位为服务创新型中小企业,与现有沪深两大交易所和三大板块形成错位发展,将在拓宽中小企业融资渠道、深化新三板改革、完善多层次资本市场方面发挥重要作用。

2021 年 11 月 26 日,中国银保监会印发了《关于银行业保险业支持高水平科技自立自强的指导意见》,推动完善多层次、专业化、特色化的科技金融体系,为实现高水平科技自立自强提供有力支撑。

2022 年 2 月 10 日,科技部火炬中心与中国工商银行联合印发了《关于开展科技金融创新服务"十百千万"专项行动的通知》,同意中关村科技园等 58 家国家高新区作为"十百千万"专项行动首批实施单位,要求高新区进一步深化金融合作,重点做好科技金融数据共享、产品创新,建立高成长科技企业培育库,推广实施"企业创新积分贷"等专项金融产品,促进国家高新区科技金融服务水平显著提升。

2022 年 3 月 9 日,国务院新闻办公室举行新闻发布会,为进一步加强科技金融创新服务,科技部火炬中心择优在 10 家左右具备条件的国家高新区内建设科技金融创新服务中心,以此带动 100 家以上国家高新区与中国工商银行创新政银合作新模式,每年新遴选 1 000 户以上高新技术企业进行重点支持,力争到 2025 年实现中国工商银行高新技术企业融资余额突破 1 万亿元,形成一批可复制、可推广的科技金融创新产品和服务模式。

2022 年 4 月 19 日,中央全面深化改革委员会第二十五次会议审议通过的《"十四五"时期完善金融支持创新体系工作方案》提出,加快推进金融支持创新体系建设,要聚焦关键核心技术攻关、科技成果转化、科技型和创新型中小企业、高新技术企业等重点领域,深化金融供给侧结构性改革,推进科技信贷服务能力建设,强化开发性、政策性金融机构在职责范围内服务科技创新的作用,增强银行业金融机构为承担国家重大科技创新任务企业服务的能力,提升多层次资本市场的直接融资功能,发挥保险和融资担保机构的风险分担作用,强化金融支持科技创新的外部支撑。

2022 年 9 月 15 日,科技部举行国家高新区"稳增长、高质量发展"新闻发布会,加强重大项目和重点产业投资建设,持续扩大有效需求。用好国家基础设施投资基金等政策性、开发性金融工具,撬动更多社会投资。支持高新区做强主导优势产业,加快培育战略性产业集群,推动数字技术、绿色技术赋能传统产业,加快培育未来产业。

2022年9月21日,科技部印发《"十四五"国家高新技术产业开发区发展规划》,促进科技与金融深度融合。鼓励银行业金融机构在国家高新区设立科技支行。支持各类金融机构在区内开展投贷联动、知识产权质押融资、知识产权保险、绿色金融、供应链金融等多样化服务,落实首台(套)重大技术装备保险等相关政策。支持区内科技型企业扩大债券融资。支持园区科技企业在创业板、科创板等多层次资本市场上市。

2022年9月26日,基于科技部火炬中心发布的《关于进一步做好"企业创新积分制"工作的通知》,国家高新区、省级高新区自愿申请实施"企业创新积分制",建立一种基于数据驱动、定量评价、适用性广的新型政策工具,精准引导技术、资金、人才、数据、土地等各类生产要素向高新区内科技企业有效集聚,全面激发微观主体创新活力,助力"硬科技""好苗子"企业脱颖而出。

2022年11月18日,科技部举行2022中关村论坛新闻发布会,在科技金融方面,出台了全链条金融支持政策,加大对科技创新企业的创业投资、银行信贷、上市融资等支持力度;支持开展首台(套)重大技术装备保险试点、新材料首批次应用保险试点等,鼓励保险公司为科技企业提供综合性保险解决方案。

附录 ❸
被调查高新区科技金融服务基本信息

序号	高新区	相关科技金融服务平台
1	中关村科技园区	中关村科创金融服务中心
2	保定高新技术产业开发区	保定高新区科技创新超市科技金融服务中心
3	沈阳高新技术产业开发区	沈阳市科技金融服务中心
4	大连高新技术产业园区	高新区金融服务平台(首贷中心线上平台)
5	鞍山高新技术产业开发区	鞍山市科技金融服务平台
6	长春高新技术产业开发区	长春市科技金融服务中心
7	上海张江高新技术产业开发区	漕河泾开发区科技金融服务平台
8	上海紫竹高新技术产业开发区	上海紫竹高新区科技金融创新服务信息平台
9	苏州高新技术产业开发区	园易融平台、金鸡湖路演中心平台、上市苗圃工程平台、苏州工业园区科技金融创新服务中心
10	无锡高新技术产业开发区	无锡高新区企业服务空间(线上)、苏南自创区无锡高新区一站式服务中心(线下)
11	昆山高新技术产业开发区	江苏省科技企业融资路演服务中心昆山分中心
12	江阴高新技术产业开发区	江阴高新区综合金融服务中心
13	武进高新技术产业开发区	江苏省科技企业融资路演武进高新区分中心

（续表）

序号	高新区	相关科技金融服务平台
14	南通高新技术产业开发区	南通科技金融综合服务平台
15	杭州高新技术产业开发区	杭州高新区(滨江)科技金融服务中心
16	湖州莫干山高新技术产业开发区	高新集团(人才集团)、德清农商银行科技支行
17	芜湖高新技术产业开发区	芜湖市综合金融服务平台
18	厦门火炬高技术产业开发区	厦门火炬高新区金融服务平台
19	南昌高新技术产业开发区	南昌高新区企业综合服务平台、南昌高新区企业创新积分管理平台
20	济南高新技术产业开发区	济南科技金融服务平台
21	威海火炬高技术产业开发区	威海高新技术创业服务中心创业种子基金
22	潍坊高新技术产业开发区	启迪之星科技金融平台
23	淄博高新技术产业开发区	淄博高新区金融综合服务平台
24	郑州高新技术产业开发区	中原中小企业成长指数服务平台
25	洛阳高新技术产业开发区	洛阳企业创新积分服务平台
26	武汉东湖新技术开发区	东湖国家自主创新示范区科技金融综合服务平台
27	长沙高新技术产业开发区	长沙高新区科技金融服务中心
28	广州高新技术产业开发区	广州高新区科技金融创新服务中心、广州科创金融服务平台、广州高新区民营及中小微企业信用信息及融资对接平台、广州高新区金融服务超市、广州科创金融服务基地、广州高新区知识产权金融服务中心、广州高新区企业家创新创业服务中心、广州高新区企业创新积分信息平台
29	深圳市高新技术产业园区	深圳高新区创业投资服务广场、坪山区科技创新与经济发展专项资金申报平台(筹)、龙岗科技金融平台
30	中山火炬高技术产业开发区	中山火炬高技术产业开发区科技金融综合服务中心

（续表）

序号	高新区	相关科技金融服务平台
31	惠州仲恺高新技术产业开发区	广东省科技金融综合服务中心惠州分中心
32	南宁高新技术产业开发区	南宁高新区科技金融服务平台
33	重庆高新技术产业开发区	重庆高新区科技金融综合服务平台
34	成都高新技术产业开发区	盈创动力科技金融服务平台
35	绵阳高新技术产业开发区	绵阳科技城科创基金小镇
36	贵阳高新技术产业开发区	贵阳高新区综合金融服务平台
37	西安高新技术产业开发区	西安高新区信用金融服务平台
38	宝鸡高新技术产业开发区	宝鸡市金融信息服务平台
39	安康高新技术产业开发区	现代金融服务中心
40	新疆生产建设兵团石河子高新技术产业开发区	石河子高新区科技金融综合服务平台

附录 **4**
国家高新区科技金融工作情况调查问卷

一、高新区推进直接融资工作的调查

1. 高新区在推进创业风险投资发展方面开展了哪些工作？（多选）

☐设立创业投资引导基金 ☐设立天使投资基金

☐实施引导投早投小投长期举措 ☐设立投资奖补政策

☐促进创投机构集聚发展 ☐设立创业投资联盟或协会

☐设立投融资服务平台

☐其他，请注明＿＿＿＿＿＿＿＿＿＿＿＿＿＿＿＿＿＿＿＿＿＿

2. 高新区在推进企业与资本市场对接方面开展了哪些工作？（多选）

☐设立科技企业上市专项资金 ☐搭建上市辅导服务"绿色通道"

☐建立企业上市培育库 ☐对企业上市进行补贴及奖励

☐鼓励专业机构为企业提供上市培训、辅导及再融资服务

☐其他，请注明＿＿＿＿＿＿＿＿＿＿＿＿＿＿＿＿＿＿＿＿＿＿

3. 高新区企业开展不动产投资信托基金（REITs）产品情况？（多选）

☐目前已发行 REITs 产品 ☐目前正在筹备中

☐有意愿但尚未有合适资产 ☐暂无意愿但有合适资产

☐暂无意愿且无合适资产

☐其他，请注明＿＿＿＿＿＿＿＿＿＿＿＿＿＿＿＿＿＿＿＿＿＿

4. 高新区内各类主体发行科创类债券产品情况？（多选）

☐创新创业公司债 ☐科技创新公司债

☐科技中小企业债券　　　　☐创业投资基金类债券

☐双创债务融资工具　　　　☐双创金融债券

☐私募可转债　　　　　　　☐资产证券化融资（ABS）

☐知识产权抵押债券

☐其他,请注明_____

5. 高新区推进直接融资工作遇到了哪些困难?（多选）

☐募集资金来源不够多样　　　☐投早投小项目比例较低

☐创投相关税收激励政策不够　☐创投项目退出或份额转让难

☐缺少专业的早期投资机构　　☐创业孵化机构培育能力不够

☐缺少保险资金等长期资金投资　☐缺少足够吸引力的融资项目

☐引导基金市场化运营机制有待完善

☐其他,请注明_____

二、高新区推进间接融资工作的调查

6. 高新区对推进科技信贷进行了哪些尝试?（多选）

☐开展信贷产品创新　　　　☐设立担保机构(基金)

☐设立风险补偿金　　　　　☐提供科技贷款贴息

☐设立科技支行　　　　　　☐设立科技信贷服务基地/网络

☐推动金融科技应用　　　　☐完善征信/评估/信用/信息服务

☐其他,请注明_____

7. 高新区推进企业创新积分与科技金融结合,还有哪些可扩展工作?（多选）

☐丰富创新积分专项信贷产品　☐扩展积分应用场景

☐完善创新积分的评价指标　　☐其他,请注明_____

8. 高新区推进间接融资工作遇到了哪些困难?（多选）

☐中长期信贷产品供给不够

☐科技型中小企业信贷规模占比过低

☐银行考核激励或审批思路不匹配

☐银行对科技企业评估能力不够

☐科技企业抵押物不足

☐知识产权等无形资产评估难、处置难

☐科技保险风险补偿作用发挥不充分

☐其他,请注明＿＿＿＿＿＿＿＿＿＿＿＿＿＿＿

三、高新区科技金融服务平台的调查

9. 建立科技金融服务平台的基本情况

高新区科技金融服务平台名称:＿＿＿＿＿＿＿＿＿＿＿

平台依托单位(或运营企业):＿＿＿＿＿＿＿＿＿＿＿＿

10. 科技金融服务平台的主要功能:(多选)

☐政策补贴申请　☐企业/项目信息库　☐后备上市企业培育库

☐科技贷款申请　☐股权融资项目申请　☐融资路演活动

☐中介服务机构库　☐创投机构库　　　☐交流培训活动

☐企业信用信息服务

☐其他,请注明＿＿＿＿＿＿＿＿＿＿＿＿＿＿＿＿＿

四、高新区科技金融工作总结、典型案例及建议

11. 请提供一篇高新区近 5 年在科技金融方面的工作总结以及相关工作成绩,内容包括:科技金融工作的总体情况、特色亮点、典型做法、政策要点,以及当前遇到的主要问题、下一步工作考虑。

12. 请提供高新区近年来在推进创业风险投资发展方面的主要做法,包括但不限于政策引导、天使投资、资金募集、企业培育、项目退出、创投机构集聚等方面,突出特色亮点和做法,以及启示建议。

五、高新区科技金融统计表

分　　类	2021 年	2020 年	备注
1. 高新区科技金融投入情况			
♯高新区财政科技投入(亿元)			当年值
♯高新区科技金融工作财政投入(亿元)			当年值

（续表）

分　类	2021 年	2020 年	备注
其中,用于创业投资引导相关资金(万元)			当年值
用于风险补偿或贷款贴息资金(万元)			当年值
用于上市奖励相关资金(万元)			当年值
用于其他用途资金(万元)			当年值
2. 创业风险投资			
♯高新区当年获得创业投资的企业数(家)			当年值
♯高新区当年获得创业投资的融资额(亿元)			当年值
♯高新区财政和区属国企参与基金总额(亿元)			累计值
♯在园区注册的创业投资机构数(家,含基金管理公司)			累计值
其中,管理资本额(亿元)			累计值
3. 资本市场			
♯上市企业主体总数(家)			累计值
其中,主板上市企业数(家)			累计值
科创板上市企业数(家)			累计值
创业板上市企业数(家)			累计值
北交所上市企业数(家)			累计值
境外上市企业数(家)			累计值
♯非金融企业债券发行额(亿元)			当年值
4. 科技信贷			
♯高新区科技型企业的贷款余额			时点值
其中,高新技术企业贷款余额(亿元)			时点值
科技型中小企业贷款余额(亿元)			时点值
♯科技支行数(家)			累计值

（续表）

分　类	2021 年	2020 年	备注
5. 保险、担保及其他			
♯ 保险机构数（家）			累计值
♯ 担保公司数（家）			累计值
♯ 融资租赁公司（家）			累计值
♯ 小额贷款公司（家）			累计值

附表：相关统计指标或概念说明

序	统计指标	说　明
1	累计值、当年值、时点值	累计值指到当年年底累计的结果数值（如上市公司数）；当年值指当年全年产生或增加的数值；时点值指到当年 12 月 31 日当天的剩余结果数值（比如贷款余额）
2	创业风险投资机构	指从事专业的股权投资的机构，涉及天使投资、VC、PE 等阶段，以公司制或合伙企业（基金）组织投资
3	高新区当年获得创业投资的企业数	指在高新区内注册的当年获得创业风险投资的企业数量
4	高新区当年获得创业投资的融资额	指高新区注册的企业当年获得的创业风险投资的总额
5	高新区财政和区属国企参与基金总额	指高新区管委会通过财政资金，或通过高新区所属（控股）企业设立的各类引导基金，出资参与各类投资基金的总额
6	科技型企业贷款	指银行业金融机构向科技型企业发放的贷款。其中，科技型企业的定义参照《关于进一步加大对科技型中小企业信贷支持的指导意见》（银监发〔2009〕37 号）确定，即是指同时满足以下条件的企业：①产品（或服务）属于《国家重点支持的高新技术领域》的范围；②企业当年研究开发经费（技术开发费）占企业总收入的 3% 以上；③企业有原始性创新、集成创新、引进消化再创新等可持续的技术创新活动，有专门从事研发的部门或机构

（续表）

序	统计指标	说　明
7	高新技术企业贷款余额	指银行业金融机构向国家高新技术企业发放的贷款余额
8	科技型中小企业贷款	指银行业金融机构向科技型中小企业发放的贷款余额。其中，科技型中小企业的定义参见《科技型中小企业评价办法》（国科发政〔2017〕115号）
9	主板上市企业	指在上海证券交易所（不包括科创板）、深圳证券交易所（不包括创业板）A股上市企业，上市主体注册在高新区
10	境外上市企业	指在纽约证券交易所、美国纳斯达克市场、香港证券交易所上市企业，其总部所在地在高新区
11	非金融企业债券发行额	指高新区企业（不包括金融类企业）当年发行的各类债券总额